POCHES ODILE JACOB

PSYCHOLOGIE
DU MENTEUR

CLAUDINE BILAND

PSYCHOLOGIE DU MENTEUR

Odile Jacob
poches

15, rue Soufflot, 75005 Paris

www.odilejacob.fr

ISBN : 978-2-7381-2293-3
ISSN : 1621-0654

À Alice qui a une maman
« qui travaille sur le mensonge ».

Est-ce que mes mensonges n'en disent pas plus sur moi que mes vérités ?

Auteur anonyme.

INTRODUCTION

Si nous passions notre temps à dire la vérité ou, plus exactement, tout ce que nous pensons, savons et ressentons, la vie serait épouvantable ! Le mensonge est donc une activité humaine indispensable et quotidienne.

Cependant, dans toutes les cultures, celui-ci est connoté négativement. Nous apprenons à nos enfants que « ce n'est pas beau de mentir » et comme le dit si joliment une petite fille dans une publicité, il ne faut pas tricher « sinon tu trompes la confiance que tes parents y z'ont mis à l'intérieur de toi... ». Un menteur se joue de la confiance, parfois de la naïveté de son interlocuteur et c'est en cela que cette activité irrite.

Évidemment, choisir de mentir plutôt que de dire la vérité est jugé avec plus de sévérité dans certaines cultures que dans d'autres. Les Anglo-Saxons semblent plus intransigeants que les Latins en la matière. Aux États-Unis, chaque enfant apprend à l'école que George Whashington, le père fondateur de la nation et le modèle en quelque sorte, ne mentait jamais[1]. Mentir est pourtant aussi un devoir souvent et un secours parfois. Il arrive que choisir de dire la vérité soit plus redoutable dans ses conséquences que d'opter pour le mensonge.

Ce livre n'a pas pour objectif de se prononcer sur le bien-fondé ou non du mensonge en général – bien que nous lui reconnaissions un caractère indispensable –, mais de vous offrir les connaissances rassemblées par la psychologie sociale expérimentale sur ce que sont les comportements qu'adoptent, ou non, les menteurs et sur nos propres capacités à les démasquer. Car si nous sommes quotidiennement confrontés à des personnes qui mentent, quelle qu'en soit la raison, nous avons des idées fausses à propos des comportements dont ils usent. Le mensonge est un art complexe, délicat et le comportement non verbal d'un individu, une comète, il est extrêmement fugitif. Ce que nous dit un interlocuteur, les mots qu'il utilise, le style d'argumentation qu'il choisit ne laissent que peu de place dans notre mémoire qui a des capacités limitées. S'il nous faut, en plus, observer tous ses comportements non verbaux et paraverbaux*... Pourtant, contrairement à ce que vous pensez sans doute, notre cerveau en a la capacité, à condition, toutefois, que nous sachions en utiliser correctement les facultés. Nous baignons dans le comportement non verbal depuis notre naissance et savions, âgés de quelques jours seulement, reconnaître si quelqu'un était gai, triste ou en colère. Par conséquent, nos connaissances sont loin d'être négligeables dans ce domaine. Tenter de tout écouter et observer du discours et des attitudes d'un interlocuteur est un objectif inaccessible. Par contre, connaître ce qui est signifiant et ce

* Le paraverbal : tout ce qui sort de la bouche et qui n'est pas des mots (déglutition, raclement de gorge, tonalité de la voix, etc.).

qui l'est moins est un projet tout à fait réalisable. C'est ce que vous propose cet ouvrage.

Avec un peu d'entraînement, et en acceptant d'abandonner les stéréotypes qui encombrent votre esprit à propos des comportements qu'adopte un menteur, vous deviendrez sans aucun doute un chasseur de mensonge beaucoup plus performant que vous ne l'êtes ou ne pensez l'être.

Chapitre premier

UNE PRATIQUE TRÈS ORDINAIRE

> « Le mensonge et la comédie réalisent les performances suprêmes de l'empathie. »
>
> Boris CYRULNIK, *L'Ensorcellement du monde.*

Nier avoir menti ne serait-ce qu'une fois dans sa vie serait très difficile pour chacun d'entre nous. Certes, pour cette activité comme pour d'autres, d'aucuns prétendront ne jamais l'exercer ou qu'exceptionnellement. Un échange un peu approfondi avec ces intégristes de la vérité les amènera tout au plus à admettre mentir parfois, mais à ne se commettre que de façon altruiste. Il n'en est rien ! Le mensonge est une activité quotidienne et partagée par tous.

Qui ment ?

Pour commencer, existe-t-il une différence, en nombre et en nature, entre les mensonges proférés par les hommes et les femmes ? Et à partir de quel âge sommes-nous, filles ou garçons, capables de proférer des mensonges ?

ENTRE LES DEUX SEXES

Concernant la différence homme/femme, il existe un stéréotype tenace. Les femmes mentiraient plus et plus souvent que les hommes. L'anecdote qui suit en est une bonne illustration.

Avant de m'engager dans mes études doctorales je cherchais, pour réaliser celles-ci, un financement. À cette occasion je m'entretenais avec un militaire expert du domaine. Il était évident qu'il en savait bien plus que moi à l'époque sur le mensonge et je le lui dis. Sa réponse ne se fit pas attendre : « Oh ! vous savez j'ai six filles, alors vous pensez si je m'y connais en mensonge ! » Cette réplique, pour aimable et modeste qu'elle fût, n'en est pas moins exemplaire du lourd passif que les femmes entretiennent avec une réputation infondée ô combien ! nous allons pouvoir en juger. Le mensonge serait-il la vérité des femmes en quelque sorte ? C'est possible, mais s'il est beaucoup pratiqué par une femme, il est plus rarement opportuniste.

Une très conséquente recherche a été menée par une spécialiste américaine à ce sujet[1]. C'est ce que nous appelons une étude écologique dans notre jargon : les données recueillies ne le sont pas dans un laboratoire – dont on peut toujours penser qu'il induit une certaine artificialité –, mais sur la base du quotidien d'individus qui ont bien voulu se prêter à l'expérience. En l'occurrence, les chercheurs demandent aux participants de tenir un journal durant une semaine sur lequel ils notent la totalité des interactions qu'ils ont eues. Une interaction est ici entendue comme un échange de dix minutes au moins ; sont exclues, par conséquent, les salutations brèves ou un peu prolongées. Dans ce journal, chacun note toutes les interactions au cours desquelles il s'est entretenu avec quelqu'un et les mensonges qu'il a proférés au cours de celles-ci. Il indique à qui il a menti, pourquoi, s'il s'est senti à l'aise ou particulièrement anxieux pendant qu'il mentait et si son mensonge a été détecté ou pas. Au vu des résultats, on constate que l'on ne distingue pas les hommes et les femmes par le nombre de mensonges proférés, mais par la nature de ceux-ci. Les femmes choisissent, en effet, d'effectuer plus souvent des mensonges altruistes que les hommes qui, eux, préfèrent le mensonge égoïste. Elles émettent ces mensonges altruistes auprès d'autres femmes dans la majorité des cas. La moitié des mensonges émis entre femmes sont altruistes.

Les femmes ont, c'est vrai, un penchant prononcé pour les mensonges de type altruiste[2]. Dans une autre étude, des sujets, féminins et masculins, doivent choisir parmi une vingtaine d'œuvres les deux tableaux qu'ils préfèrent et les deux qu'ils aiment le moins. Ils ont ensuite l'occasion de discuter avec un artiste qui leur est présenté comme l'auteur des tableaux (celui-ci est, en fait, un complice de l'expérimentateur et connaît déjà leur choix). Il prétend alors qu'un des tableaux préféré par son interlocuteur est de lui et qu'un des tableaux que cette personne n'aime pas est également de lui. Dans une telle situation, il apparaît que les femmes vont accentuer, exagérer leur goût pour la toile préférée. Elles vont être particulièrement élogieuses, plus qu'elles ne le pensent véritablement : elles en rajoutent en quelque sorte. Les sujets masculins n'auront pas cette attitude. Lorsque les femmes parlent de la toile qu'elles n'aiment pas – persuadées qu'elles en discutent avec l'auteur –, elles auront également tendance à aller dans ce sens. Elles seront très élogieuses, même si elles précisent préférer l'autre toile.

Les sujets masculins mentiront aussi, mais seront beaucoup plus laconiques et circonspects.

Comportements hypocrites, me direz-vous ? Pas vraiment, non. Lorsqu'elles aiment la majorité des toiles effectuées par un artiste mais qu'elles n'aiment pas toute l'œuvre, ce qui est fréquent, les femmes sont très aimables. Par contre, lorsque, globalement, elles n'aiment pas l'œuvre, elles sont moins sympathiques qu'avec le précédent artiste, mais honnêtes et consistantes avec leurs choix. Cela étant, elles seront tout de même plus aimables et agréables qu'un homme placé dans les mêmes circonstances.

On peut admettre qu'en étant plus élogieuses, les femmes entretiennent avec ceux et celles qu'elles rencontrent des interactions sociales plus harmonieuses. La bonne entente mutuelle, dit-on parfois, dépend aussi de la flatterie[3]... Du reste, lorsque l'on demande à des gens de décrire les personnes qu'ils apprécient, on se rend compte que c'est vers ceux et celles qui manient le compliment que vont les préférences. Les femmes sont perçues, en général, comme plus chaleureuses et réconfortantes et d'un plus grand secours moral que les hommes[4]. Ce qui a pour effet que les deux sexes préfèrent avoir une interaction avec une femme[5]...

Que l'on soit émetteur ou cible du mensonge, à quoi tient donc la différence homme/femme ? Peut-être au fait que, lorsqu'une femme ment, elle se sent plus coupable, plus anxieuse, plus effrayée par son forfait qu'un homme. Lorsqu'elle est la cible d'un menteur, elle perçoit les effets délétères du mensonge avec plus d'acuité : elle estime qu'un mensonge peut entacher de manière persistante une relation et cet événement négatif sera fréquemment et durablement remémoré par elle.

TOUT PETIT DÉJÀ...

Est-ce qu'on apprend à mentir ? Est-ce que le temps joue en faveur des menteurs et des menteuses ? Apparemment, oui. Des recherches effectuées avec des enfants de moins de 3 ans mettent en évidence une capacité indéniable dès cet âge à fabriquer un « vrai » mensonge[6]. Les chercheurs sollicitent de la part de petits enfants un mensonge qu'ils connaissent bien : celui dont il faut user pour éviter une punition. Les enfants sont laissés seuls dans une pièce au milieu de laquelle l'expérimentateur a mis un jouet. Celui-ci leur a demandé de ne pas tourner autour de ce jouet ou de le regarder, en précisant que si l'interdiction était bravée, il y aurait une punition. Le comportement des enfants est filmé. Bien entendu, 90 % d'entre eux désobéissent, et seuls 38 % l'avouent. Mais lorsque l'expérience est renouvelée avec des enfants à peine plus âgés, 5 ans, aucun d'entre eux n'avoue plus avoir regardé le jouet. À partir de cet âge, nous sommes par conséquent susceptibles de tenter de duper les personnes qui nous entourent, et nous n'avouons plus nos forfaits.

Dès le plus jeune âge, on constate aussi des différences entre les filles et les garçons. Celles-ci ne se démentent pas avec le temps, comme nous venons de le voir. Très tôt, les petites filles accentuent leur satisfaction réelle face à un présent qu'elles n'apprécient pas vraiment. On demande, par exemple à de jeunes enfants de 7 à 11 ans, d'aider leur mère à effectuer quelques tâches ménagères simples en échange d'une récompense à venir[7], et la première gratification consiste en un paquet de bonbons dont l'enfant raffole. On sollicite une seconde fois l'enfant, la récompense reçue cette fois est un livre. Ce cadeau est moins goûté par les garçons et par les filles, mais ces dernières montrent moins leur désappointement et beaucoup plus d'enthousiasme à recevoir ce présent un peu ennuyeux.

Quoi qu'il en soit, l'analyse détaillée des comportements non verbaux émis par de très jeunes enfants, filles ou garçons, alors qu'ils mentent ou cachent quelque chose montre que plus l'être humain avance en âge, plus il est capable de cacher son état réel et de fabriquer un état fictif. Si l'on compare les performances d'enfants qui ont de 3 à 9 ans, le talent des derniers confirme que la dextérité à mentir est positivement corrélée avec l'âge de l'enfant. Ils présentent tous les stigmates d'une émotion qu'ils ne ressentent pas réellement.

PLUTÔT AVEC DES ÉTRANGERS

Est-ce que nous mentons plus aisément et plus souvent à nos proches ou bien à des gens que nous ne faisons que côtoyer ? Il semble bien que nous mentions moins à nos intimes qu'aux autres. Ouf, me direz-vous ! Oui, sauf que tout cela est à nuancer en fonction du temps que nous passons avec tel ou tel. Surtout, nous ne mentons pas de la même manière à nos intimes qu'à des étrangers. Il est, par exemple, des circonstances de l'intimité qui favorisent le mensonge, c'est le cas en particulier des amours débutantes. Lorsqu'une idylle se noue entre deux personnes et que nous sommes l'une de ces deux, nous savons que nous faisons tout ce qui est en notre pouvoir pour nous présenter sous notre meilleur jour. Nous évitons de montrer nos manies et tics, de nous ronger les ongles, de fumer avec excès, etc. Nous tâchons de toujours nous mettre en valeur. Nous ne portons pas cette robe rouge qui ne nous va pas très bien au teint, qui nous grossit mais que nous hésitons à jeter. Nous exagérons des succès obtenus et ne parlons surtout pas de nos échecs et erreurs. Nous sommes souriant(e)s, gentil(le)s, empressé(e)s et serviables, ce qui ne sera pas toujours le cas plus tard.

Quelle que soit la population, le mensonge pour plaire reste valable.

Autre exemple : les jeunes, quand ils sont étudiants, sont souvent dépendants financièrement de leurs parents et leur mentent fréquemment pour grappiller un peu d'argent de poche supplémentaire. Lorsque leurs mères leur donnent de quoi acheter des fournitures, ils ne ramènent pas toute la monnaie, voire pas du tout. En annonçant un prix plus élevé pour le stylo ou le livre dont ils ont besoin, ils gagnent quelques sous.

Globalement, toutefois, nous mentons plus systématiquement en société que dans l'intimité. Un mensonge de ce type et qui nous concerne tous est le mensonge élaboré en vue d'obtenir un emploi. Il est pratiqué par les jeunes dans plus de 80 % des cas, et pas seulement pour décrocher un petit boulot. Lorsqu'il s'agit de trouver du travail, toutes les personnes ayant participé à la recherche s'accordent à penser que le mensonge est justifié. Il l'est tellement qu'aucune d'entre elles ne ressent une quelconque gêne à l'énoncer. Aucune culpabilité à l'émettre, aucun regret de l'avoir formulé : donc, un mensonge facile à fabriquer et difficile à détecter !

Autre exemple de situation sociale propice au mensonge : les salutations, surtout entre femmes. La flatterie restant un excellent moyen de conserver des relations sociales harmonieuses, les femmes en usent plus que les hommes dans ces moments-là. Elles savent que, pendant ces quelques instants au cours desquels elles louent les choix vestimentaires d'une collègue ou son teint rayonnant, le visage de ladite collègue s'éclairera d'une profonde satisfaction. Surtout si – et c'est la raison de nos flatteries mensongères dans la plupart des cas (!) – elle était particulièrement sombre et chagrine deux minutes plus tôt.

PAS MOINS D'UNE FOIS PAR JOUR

Soyons clairs : nous mentons tous les jours et plusieurs fois par jour. Les sujets de l'étude mentionnée plus haut avouaient deux mensonges par jour. D'autres observations aboutissent à un résultat semblable, entre une fois et demie à deux fois par jour en moyenne[8]. Cela dit, je vous rassure, la majorité des mensonges comptabilisés sont sans conséquences, ce sont des « petits mensonges ordinaires » – admettre avoir fait quelque chose alors que ce n'est pas le cas ; complimenter quelqu'un sur la qualité de sa cuisine ou le bon goût dont il fait preuve alors qu'on ne le pense pas vraiment ; admirer les talents ou le courage de quelqu'un dont on est persuadé qu'il n'en a pas, etc. Tout de même, cela veut dire que nous mentons au cours d'un quart des relations sociales que nous entretenons. Ce n'est pas rien ! Le mensonge, s'il était besoin de vous en convaincre, est bien un événement omniprésent dans notre vie quotidienne et dans bon nombre de nos relations.

Heureusement, ou non d'ailleurs, le mariage ou son équivalent apaise les menteurs. Lorsque les individus vivent en couple, ils reconnaissent émettre un mensonge toutes les dix interactions, alors que si ce couple est débutant, le taux s'élève outrageusement : un mensonge toutes les trois interactions. La plupart de ces mensonges étant somme toute banals et peu sérieux, 82 % d'entre eux passent et leurs auteurs ne se sentent pas particulièrement mal à l'aise en les proférant étant donné qu'ils sont sans conséquence majeure. Signalons néanmoins que, lorsque le mensonge s'adresse à un proche, le malaise éprouvé par l'émetteur s'accroît tout comme la détection du mensonge. Le taux de 82 % de mensonges non détectés diminue sensiblement.

PAR ALTRUISME PARFOIS, PAR ÉGOÏSME, SOUVENT…

Arrêtons de nous raconter des histoires et de prétendre que nous ne sommes habités que par de nobles sentiments : pour l'essentiel, nos mensonges sont égoïstes et seuls 25 % des mensonges sont altruistes[9, 10].

Dans la première catégorie, celle des mensonges, anodins ou compromettants, ayant pour vocation de nous rapporter quelque chose, les mobiles sont : donner une bonne image de soi, éviter une punition ou un reproche, obtenir un avantage. Il va de soi que chercher à donner une bonne image de soi lors d'une soirée est anodin. Faire la même chose en espérant obtenir un travail que l'on se sait incapable de réaliser ne l'est plus. Chercher à éviter un reproche en annonçant un prix très inférieur pour un achat est anodin ; avoir vidé le compte en banque familial et tout faire pour le cacher l'est moins. De même, enjoliver un *curriculum vitæ* pour accéder à un petit boulot fait presque partie de la norme ; mentir sur ses compétences ou ses ambitions pour décrocher un emploi à fortes responsabilités devient problématique. D'autres exemples montrent que lorsque les circonstances le nécessitent, nous paraissons sous notre meilleur jour et n'hésitons pas à ruser avec la réalité. Lorsque nous devons nous faire une place quelque part (belle-famille, nouvel emploi etc.), nous travaillons notre image de telle sorte que l'impression que nous laisserons soit des plus positive. Et d'une manière générale nous tâchons, lorsque nous sommes exposés dans quelque endroit que ce soit, d'être le plus possible à notre avantage, même si nous n'apprécions pas la compagnie de ceux qui s'y trouvent et/ou si nous sommes dans un état peu enviable. Mais ces mensonges à propos de notre apparence, qui ont pour vocation de nous servir nous-mêmes et qui sont très fréquents, relèvent également d'une correction à l'égard d'autrui. Erving Goffman a longuement et minutieusement étudié ces interactions d'un point de vue microsociologique. Il en a dégagé un concept qui fait de nous tous des acteurs engagés en permanence dans notre propre mise en scène de la vie quotidienne[11].

La seconde catégorie est celle des mensonges altruistes. Il s'agit de protéger une autre personne que nous-mêmes. Nous n'en tirons aucun avantage, si ce n'est de gagner notre paradis sur la terre et d'avoir le sentiment de faire le bien autour de nous en entretenant des relations sociales de bon aloi. La « paix sociale » à notre échelle en d'autres termes ! Il peut s'agir des mensonges proférés par le corps médical afin de ne pas alarmer davantage une famille ou un patient que l'on ne pense pas en mesure d'accepter une réalité lourde, de ces silences que nous pratiquons tous lorsque nous savons qu'une personne est trompée par son (sa) conjoint(e), de ces inquiétudes que nous taisons lorsqu'une de nos relations montre un visage particulièrement préoccupant quant à sa santé physique, etc. Mais, à regarder les choses d'un peu près, gagner son paradis sur la terre en entretenant la paix sociale autour de soi, est-ce si altruiste que cela ? Se montrer particulièrement discret et empathique, suffisamment en tout cas pour que notre entourage nous en soit reconnaissant une fois la tempête passée, c'est produire une image plutôt positive de soi, laquelle aura sans aucun doute des retombées sur la qualité des relations sociales que nous entretenons mais aussi sur leur nombre... Les individus entourés d'amis et de relations sont ceux qui ont le sourire facile et la parole douce. Et c'est à ceux-là que l'on accorde en général sa confiance.

Quel mensonge ?
À qui ? Comment ? Pourquoi ?...

LA NATURE DE NOS MENSONGES	
Mensonges égoïstes 70 %*	Mensonges altruistes 25 %**
LEURS MOBILES	
Anodins : Donner une bonne image de soi Enjoliver un CV Les idylles débutantes Se faire une place quelque part *Altruistes* : Protéger quelqu'un d'autre que soi-même	*Compromettants* : Éviter une punition, une condamnation, un conflit, une rupture *Obtenir un avantage* : Emploi Signature d'un contrat, etc.

* Moyenne de plusieurs études réalisées à ce sujet.
** Moyenne d'une étude réalisée à ce sujet.

LEUR FRÉQUENCE	
34 % des interactions	
Mariage : 1 mensonge toutes les 10 interactions	*Idylle débutante* : 1 mensonge toutes les 3 interactions
LES CIBLES DE NOS MENSONGES	
Nos intimes : –	*Une simple relation* : +
LES DIFFÉRENCES HOMME/FEMME	
Femme : Mensonges altruistes majoritaires La 1/2 des mensonges émis entre femmes sont altruistes	*Homme* : Mensonges égoïstes majoritaires
Effet du mensonge quand une femme en est l'auteur : Culpabilité + + + Stress + + +	*Effet du mensonge quand un homme en est l'auteur* : Culpabilité – – – Stress – – –
Effet du mensonge quand une femme en est la victime : Celui-ci est remémoré durablement	*Effet du mensonge quand un homme en est la victime* : L'épisode n'est pas remémoré durablement
NOS PREMIERS MENSONGES	
3 ans : Transgression d'un interdit : 90 % Aveu de celle-ci : 38 %	*5 ans* : Transgression d'un interdit : 100 % Aveu de celle-ci : 0 %

ÂGE, SEXE ET MENSONGE CONVENTIONNEL « Ohhh... merci pour ce joli livre... »	
Filles : + + +	*Garçons* : – – –
DANS QUELLE PROPORTION ET PAR QUI NOS MENSONGES SONT-ILS DÉTECTÉS ?	
Simple relation : 18 %	*Intime* : + + +

Qui sait mentir ?

Nous l'avons vu, tout le monde ment, quels que soient le sexe et l'âge. Nous avons aussi vu que les mensonges que nous émettons biquotidiennement sont en général peu importants, ce sont de tout petits mensonges qui ne servent la plupart du temps qu'à nous protéger. Ils ne sont par conséquent pas difficiles à émettre et sont souvent indécelables. Cependant, il existe d'autres mensonges, plus compromettants, et là les choses sont moins faciles. Une bonne dose de concentration est alors nécessaire compte tenu de l'importance des enjeux.

Dans votre immense majorité, vous êtes persuadés de faire de piètres menteurs. En revanche, vous pensez être assez performants lorsqu'il s'agit de détecter un falsificateur. D'autant plus si la personne qui tente de vous faire avaler une couleuvre est quelqu'un de proche. Vous connaissez ses tics en pareil cas et vous pensez qu'elle ne pourra pas se jouer de vous...

En réalité, c'est tout le contraire : vous êtes de bien meilleurs menteurs que vous ne le pensez et des détecteurs de mensonge plutôt médiocres. Pour commencer, je vous propose un test rapide. Essayez de vous souvenir du nombre de mensonges que vous avez proférés sans être inquiété au cours de la semaine passée. Alors ? Vous voyez bien que vous êtes un menteur bien plus performant que vous ne le supposez !

Autre élément qui a son importance et qui explique que vos mensonges sont peu détectés : le fait que vos vis-à-vis évaluent en général à leur juste valeur les conséquences de la mise au jour d'un grave mensonge. De la sorte, ils préféreront se taire plutôt que de courir le risque de vous prendre en défaut et vous contraindre d'avouer la vérité. Comme le dit un de nos plus célèbres commissaire de police, « les gens honnêtes aiment bien qu'on leur mente… les truands détestent la vérité[12] ». Là encore, un peu d'introspection vous permettra de mesurer le nombre de fois où, en tant que cible, vous avez vous-même choisi d'agir ainsi. En d'autres termes, les gens préfèrent ne pas savoir plutôt que de se retrouver dans une situation inextricable que seuls la rupture ou le conflit ouvert parviendraient à résoudre. Nous conservons ainsi nos ami(e)s, nos conjoint(e)s et des relations de travail acceptables. Dire la vérité ou la chercher à tout prix n'est pas sans risques et ils sont mesurés à la hauteur de l'enjeu par la plupart d'entre nous.

La troisième explication au fait que les mensonges passent relativement facilement trouve sa raison d'être dans l'absence de méfiance de la plupart d'entre nous. Nous sommes si peu soupçonneux que, dans notre immense majorité, nous ne croyons pas qu'au cours d'une journée on puisse nous mentir plusieurs fois. Il n'y a que lorsque le doute s'est installé dans une relation que l'on devient suspicieux. En temps ordinaire, nous n'étudions pas les propos, les intentions et les émotions des gens en ces termes : « Me dit-il (elle) bien la vérité ? » Et c'est tant mieux ! La vie serait insupportable si c'était le cas !

Il y a donc bien plus de bons menteurs qu'on ne le pense puisqu'un bon mensonge est un mensonge réussi.

Cela étant, il est vrai que certains sont plus habiles que d'autres à cet exercice.

LES PIÈTRES MENTEURS

De notre point de vue de comportementaliste, la difficulté à mentir tient dans la difficulté à gérer une charge cognitive et émotionnelle lourde sans que rien ne « fuie », ni dans le discours ni dans le comportement, de l'état réel.

Il existe ainsi des menteurs perdus d'avance. Les personnes qui ressentent trop fortement leurs émotions sont très vulnérables lorsqu'elles mentent. Celles qui ont une très faible confiance dans leurs capacités à mentir, également. Il arrive que ces deux caractéristiques fonctionnent ensemble. Si le simple fait de mentir provoque en vous un raz de marée émotionnel très difficilement contrôlable, il est évident que cet état aura un effet sur votre confiance à réussir un mensonge. Cependant, certaines personnes manquent de confiance sans pour autant que cela soit justifié par un trait de personnalité encombrant. Elles sont victimes du stéréotype qui leur fait sous-estimer leurs capacités de menteurs.

Il existe aussi des mensonges perdus d'avance

Ce sont les mensonges que d'aucuns nomment les mensonges « transparents[13] ». Ils le sont parce que les éléments sur lesquels ils portent sont vérifiables ou incroyables, parfaitement invraisemblables. Lorsque, en 1986, eut lieu la catastrophe de Tchernobyl, toute l'Europe s'inquiéta des retombées écologiques catastrophiques qu'un tel drame pouvait entraîner. L'État français et les services concernés par notre protection se devaient de répondre aux questions légitimes que nous nous posions tous et, le cas échéant, prendre des mesures pour assurer la sécurité de chacun. Dans notre pays, les interventions auprès de la presse, afin d'expliquer ce qui se passait et la conduite à tenir, furent confiées au service central de protection contre les rayonnements ionisants. C'est à son directeur que revint la lourde tâche de nous convaincre que l'énorme nuage radioactif avait épargné notre pays, il s'était en quelque sorte dissous à la frontière allemande. Cette contrevérité, relayée par la presse télévisuelle et écrite, eut néanmoins beaucoup de mal à passer auprès de l'opinion publique. Tout d'abord un nuage toxique qui a la gentillesse de nous épargner, c'était trop beau et surtout trop gros. D'autre part, les démonstrations à propos des mesures de la radioactivité présente dans notre pays étaient confuses et obscures, et personne, surtout pas le grand public, ne pouvait les comprendre. Noyée dans une cacophonie d'informations incompréhensibles et incrédules quant à la dispersion magique de ce nuage, l'opinion publique ne crut pas un mot de ce mensonge transparent.

LES BONS MENTEURS

Les bons menteurs, ce sont tous ces sujets expérimentaux qui nous prêtent gentiment main-forte lors de nos recherches, et que je remercie une nouvelle fois. Il y a unanimité des chercheurs : très peu de ces menteurs habiles sont détectés lorsque des observateurs – naïfs certes mais pas plus naïfs que monsieur Tout-le-monde – sont sollicités pour juger de leur bonne foi ou non. Nos propres recherches n'échappent pas à la règle : les menteurs ne sont que très rarement détectés[14]. Ces bons menteurs parviennent à tromper et par conséquent leur mensonge est réussi. Toutefois, ce ne sont pas des menteurs parfaits, dans la mesure où ils présentent tout de même quelques différences comportementales lorsque l'étude les place dans deux situations distinctes : dire la vérité et mentir. Ces différences comportementales sont suffisamment rapides, discrètes et peu nombreuses pour échapper à l'œil d'un observateur naïf placé devant un enregistrement d'une minute environ qu'il ne verra qu'une fois, ce qui est le cas pour nos sujets détecteurs en laboratoire. Il peut donc n'y avoir aucune différence comportementale flagrante permettant de distinguer les menteurs des personnes de bonne foi. Cependant, lorsque la recherche implique une exploration minutieuse des différences, elle est réalisée image par image, nous sommes amenés à constater qu'il existe bel et bien des différences. C'est ce que l'on appelle les comportements objectifs du mensonge : nous y reviendrons plus loin (*cf.* chapitre VI).

LES MENTEURS PARFAITS

Les menteurs parfaits, eux, ne présentent que très peu de différences comportementales qui permettent de distinguer lorsqu'ils disent la vérité et lorsqu'ils mentent. Il faut une observation image par image (et répétée de nombreuses fois) pour accéder à un ou deux indices faisant penser qu'ils mentent. La maîtrise de leur comportement verbal est à l'identique. Il n'existe pas pléthore d'individus qui possèdent ces talents, vous vous en doutez : on estime leur nombre à 15 %[15].

Ces personnes sont capables de dominer sans faillir les émotions qu'elles ressentent, ce qui leur donne une nette supériorité lorsqu'il s'agit de mentir. Elles peuvent, en outre, fabriquer de « vraies fausses » expressions faciales. Elles maîtrisent tellement bien leurs émotions qu'elles les fabriquent à leur guise et que rien ne permet de douter de leur sincérité. Les individus adeptes de philosophies hindouistes et les comédiens formés à la méthode de Stanislavski possèdent l'entraînement nécessaire pour réussir parfaitement cet exercice[16]. Ces deux méthodes font appel respectivement à la maîtrise des émotions et à la mémoire émotionnelle.

Prenons les comédiens formés à la méthode de Stanislavski : ils doivent, au cours de leur formation, effectuer de nombreux exercices qui les mènent à ressentir les émotions qu'on attend d'eux. L'interprétation de rôles futurs nécessite que les spectateurs croient au personnage créé par l'acteur, s'identifient à lui. Présenter les émotions correspondantes à ce que vit le personnage qu'ils interprètent est le minimum qui leur est demandé.

Les adeptes de philosophies hindouistes dominent leurs émotions et ne laissent rien transparaître de leur

Les comédiens au secours des menteurs

L'apprenti comédien devra en premier lieu faire un travail d'observation des comportements de ses semblables lorsqu'ils sont placés dans des situations banales de la vie courante ou plus exceptionnelles et chargées en émotion. Puis il reproduira ces mêmes comportements lorsqu'il incarnera le personnage qui lui est confié. Au cours de cette seconde phase, il fera appel à cette mémoire émotionnelle mise en route lors de ses observations ou de ses propres expériences. Faire appel à cette mémoire, c'est se permettre de reproduire l'état dans lequel il était à ce moment-là, les mots qu'il a utilisés, les gestes qu'il a effectués ou ceux employés par une personne qu'il a eu l'occasion d'observer et qui était placée dans une situation et un état analogues à ceux de son personnage.

état réel. Les comédiens formés à la méthode de Stanislavski interprètent des personnages qui disent la vérité. Voilà deux modèles pour devenir un menteur efficace !

Ne pas se laisser envahir par une émotion, quelle qu'elle soit, et fabriquer des émotions avec beaucoup de justesse, tels sont les secrets des parfaits menteurs.

Précisons toutefois qu'en plus de l'exercice et de l'entraînement il est des circonstances qui favorisent le mensonge parfait ainsi que des traits de personnalité. Des individus qui ont un faible sens moral n'hésiteront pas à user du mensonge pour parvenir à leurs fins. Pour ceux-là, mentir fait partie intégrante de la vie dans la mesure où cela leur permet d'obtenir ce qu'ils souhaitent, la fin justifiant les moyens utilisés. La plupart du temps ces personnes ne ressentent que peu, voire pas d'émotions et, par là même, exercent un contrôle fort sur leurs comportements. Elles n'ont pas grand-chose à contrôler d'ailleurs puisque aucune fuite ne risque de les trahir. Pour elles, le mensonge est un comportement comme un autre.

Caractéristiques des différentes sortes de menteurs

LES PIÈTRES MENTEURS	Ceux qui sont convaincus de l'être ; ceux qui ont une conscience morale très (trop) élevée
LES BONS MENTEURS	La grande majorité d'entre nous
LES MENTEURS PARFAITS	15 % de la population

LES MENTEURS PRESQUE PARFAITS

Dans *Mentir est tout un art*[17], Michel Déon met ainsi l'accent sur une des raisons qui rend le mensonge parfois impossible entre intimes. La femme qui est au cœur de l'histoire est prise d'un tic lorsqu'elle ment, ce que n'a pas manqué de remarquer son compagnon. Une petite tache rose apparaît à la naissance de son cou. Une telle marque de fabrique empêche toute tricherie de passer inaperçue.

Heureusement pour nos pauvres chercheurs, certains menteurs sont redoutables parce que parfaits mais ne sont parfaits que jusqu'à un certain point.

Dans la vie courante, ces personnes usent de subterfuges que nous pouvons relever. La mésaventure qui est arrivée à l'ensemble d'un laboratoire pharmaceutique pour lequel j'ai eu l'occasion de travailler en est un bel exemple. La menteuse dont il est question a été découverte, mais elle a utilisé quelques ingrédients qu'il est intéressant de décrire.

Le mensonge, l'art de l'artifice

Le poste de direction de ce laboratoire était à pourvoir et il fallait par conséquent procéder à un recrutement. De nombreu(ses)x candidat(e)s furent auditionné(e)s, le choix se porta sur l'une d'entre elles. Je sollicitai une rencontre avec celle-ci puisque j'avais effectué quelques vacations dans cet établissement et désirais poursuivre nos collaborations. La nouvelle directrice me laisse me présenter puis en fait autant. J'apprends que cette personne, ingénieur de formation, a changé de voie et qu'elle se lance désormais dans l'encadrement d'équipe de conseil après avoir elle-même exercé cette activité dans diverses entreprises. Elle me dit avoir inventé la couette homme/femme qui permet à chacun de satisfaire ses besoins différents en chaleur comme chacun le sait. Elle possède une vanillerie en Polynésie. Elle a des enfants en bas âge et un mari beaucoup plus jeune, leurs portraits trônent ostensiblement dans le bureau. Elle est d'ailleurs contrainte d'interrompre quelques instants notre conversation pour répondre à « junior », son fils aîné, etc. Et... elle est interdite bancaire et poursuivie par plusieurs huissiers et créanciers !

Ce qui est intéressant dans cet exemple ce sont les artifices qu'utilisent fréquemment ces menteurs presque parfaits. Ils noient l'interlocuteur dans le récit d'aventures toutes plus extraordinaires les unes que les autres, sans pour autant être invraisemblables. « Le menteur dit cent choses vraies pour faire admettre un mensonge. » Il arrive souvent que ces mystifications soient arrivées à quelqu'un de leur entourage, ce qui rend le mensonge plus crédible et aisé : il devient alors un simple jeu de rôle facile à exécuter pour ces personnes qui excellent dans l'art du spectacle. Cet « habillage » de la réalité permet d'attirer l'attention sur autre chose que des événements bassement matériels et concrets. N'est-ce pas poétique, une vanillerie en Polynésie ? Et puis, c'est suffisamment loin pour que personne n'aille vérifier. Et la double couette, c'est ingénieux non ? Il fallait y penser ! Les menteurs presque parfaits usent ainsi d'un principe courant en diplomatie, agiter la main droite pour que nous la regardions pendant que la main gauche s'active discrètement à d'autres besognes. Ils nous charment avec des histoires pleines de fantaisie et un style comportemental qui laisse peu de place pour la réflexion, ils parlent beaucoup, beaucoup trop et de beaucoup de choses à la fois. « Pour mentir avec brio, il faut savoir endormir son interlocuteur, lui présenter une réalité séduisante, être un illusionniste, voire un artiste[18]. » Avec des personnages de cet acabit, nous sommes en quelque sorte au théâtre, au cinéma ou dans un roman !

Cependant, il existe un revers à cette médaille un peu clinquante : c'est l'excès, l'abus de paroles, d'informations et de gestes qui trahissent souvent le menteur. L'outrance leur fait fréquemment commettre des erreurs. J'étais moi-même allée en Polynésie et savais que la vanille n'est pas la plus grosse spécialité agricole locale. Mes questions sur l'endroit où se trouvait cette vanillerie furent rapidement éludées. Une des conditions requises pour réussir un mensonge, c'est d'être informé de ce que l'interlocuteur connaît et ne pas s'aventurer sur des terrains où l'on peut être pris en défaut.

Les conditions d'un bon mensonge

Même si ce livre n'a pas pour objectif de vous apprendre à bien ou à mieux mentir, il est vraisemblable que certaines personnes, après l'avoir lu, modifieront leurs stratégies. Cela étant, si elles ont appris à mieux mentir, leurs cibles futures auront, elles, appris à mieux détecter les menteurs[19]...

Le premier aspect auquel doit penser un menteur s'il ne veut pas se faire prendre, c'est sa préparation. Un mensonge bien préparé permet à l'émetteur d'anticiper, en partie et en partie seulement, les attentes de son interlocuteur. Il pourra ainsi prévoir un certain nombre de questions auxquelles il devra répondre. D'autre part son mensonge doit être crédible et sa préparation le permet. Un de mes amis me racontait que lorsqu'il rentrait chez lui un peu tardivement, il profitait, sur le chemin du retour, de la petite demi-heure de solitude dans sa voiture pour préparer son mensonge et affûter ses arguments. Il me disait ne jamais mentir sans avoir façonné son mensonge. S'il n'avait pas eu le temps d'organiser ses explications, il ne prenait pas le risque de tricher sur son emploi du temps. Il lui fallait s'inventer une action qu'il n'avait pas faite et créer tout l'environnement qui allait avec... Tout un petit cinéma en quelque sorte... Il savait intuitivement qu'une bonne préparation était la garantie de la réussite.

Avoir l'esprit d'initiative est la seconde qualité du bon menteur. Même si, comme mon ami, vous préparez soigneusement un mensonge, vous pouvez difficilement tout envisager ; en particulier, l'état d'esprit dans lequel se trouvera l'autre. C'est comme au foot ou au rugby : il faut toujours conserver un avantage. Avoir une longueur d'avance sur son interlocuteur est une nécessité pour l'émetteur qui a l'intention de falsifier des faits. Vous devez donc être particulièrement empathique et tenter de deviner l'état d'esprit dans lequel se trouve votre vis-à-vis. S'il est méfiant, vous devez le comprendre et faire en sorte que votre discours apaise ses soupçons. S'il ne l'est pas, vous serez vite discret : trop en faire pourrait éveiller des soupçons qu'il n'avait pas au début de votre conversation.

Réfléchir vite est aussi nécessaire. On a beau préparer son mensonge et les détails à livrer avec, on ne peut pas tout prévoir (par exemple, que votre cible a lu ce livre en vous attendant). Si c'est le cas vous avez du souci à vous faire ! Il va vous falloir être extrêmement prompt non pas dans vos réponses, la vérité ne se rétorque pas du tac au tac, mais dans l'argumentation que vous allez devoir construire, inventer et présenter sur le vif.

Être prolixe est une autre exigence. Là encore, il ne s'agit pas de noyer votre interlocuteur sous un flot de paroles (s'il n'est pas totalement naïf il risque de se méfier), mais être capable de faire deux choses en même temps. Ce qui n'est pas si simple sur le plan cognitif. Répondre à côté de la question posée et vous donner ainsi le temps de réfléchir à la repartie qui va être la vôtre est le moyen le plus efficace. Cet exercice nécessite toutefois un certain entraînement !

Avoir une excellente mémoire est aussi indispensable. Mentir c'est souvent engager un processus à long terme puisque vous aurez menti sur un fait ou sur une de vos opinions ou encore sur une émotion. Il faut imaginer que la cible se souviendra de ce que vous avez prétendu avoir fait ou non, de ce que vous avez déclaré ou assuré ressentir. Tenant compte de votre mensonge, il n'est pas fou de penser que votre interlocuteur se sera fait une opinion sur vous ou aura peut-être engagé des actions avec vous à partir de ce qui n'est qu'une illusion. Dans des cas fréquents, lorsque le mensonge est anodin, il n'y a pas péril en la demeure. Par contre, si vous avez pris le risque de mentir sur un élément plus lourd de conséquences, les risques encourus sont importants. Si le mensonge est modéré, ni trop lourd de conséquences mais pas anodin, il vous faudra continuellement faire le funambule, sans jamais oublier ce que vous avez dit sous peine de voir l'échafaudage s'écrouler brutalement.

Ne pas être trop sensible aux bouffées d'émotions est une autre caractéristique du bon menteur. Les individus trop impressionnables ne résistent pas longtemps au mensonge ; ils n'osent la plupart du temps pas en proférer d'ailleurs, persuadés d'être détectés immédiatement. Les menteurs parfaits sont ceux qui savent, parce qu'ils ont appris à exercer un contrôle fort, voire total, sur leurs émotions quelle qu'en soit l'intensité, ne jamais se laisser submerger par elles.

Être un excellent comédien est la dernière caractéristique du bon menteur. C'est une méthode similaire à celle utilisée par les acteurs afin d'interpréter avec justesse les émotions de leurs personnages qui permet au menteur parfait d'être cru. L'authenticité apparente de ses émotions fait appel à une mémoire qu'il exerce en permanence.

J'ajouterai une ultime caractéristique du menteur efficace : le choix qu'il fait entre l'omission et la falsification. Plutôt que de se laisser entraîner sur des terrains glissants qu'ils ne « sentent pas », les bons menteurs préfèrent dire « je ne sais pas... » « je ne me souviens pas... », etc. Ils optent souvent pour l'omission, quand c'est possible, car c'est la forme la plus pratique du mensonge.

Les maladies du mensonge

Le mensonge pathologique est une pratique rare, utilisée par des personnes qui font la plupart du temps parler d'elles dans les faits divers. Décortiquer les raisons qui poussent des individualités à réagir de la sorte est l'affaire des psychologues cliniciens, des psychiatres et des psychanalystes. Je vous propose néanmoins une incursion dans ces sphères particulières du mensonge.

IL Y A CEUX QUI NE MENTENT JAMAIS, ET C'EST INSUPPORTABLE

Se représenter un monde sans mensonges est beaucoup plus terrifiant que le contraire. Imaginez que vous passez une journée au cours de laquelle vous dites à tous ceux que vous rencontrez ce que vous pensez d'eux sur l'instant, ce qui vous passe par la tête lorsque vous les voyez. Vous êtes tout à coup pris d'une fièvre de sincérité absolue et cela donne : « Oh là là ! Que ce vêtement que vous portez vous va mal ! » « Eh bien, dites donc, tante Suzanne, vous avez pris un sacré coup de vieux depuis la dernière fois. » « Mais votre projet est complètement nul ! » « Je ne comprends pas un mot de ce que vous dites ! », etc. Les personnes à qui vous vous adresseriez en ces termes seraient sans doute particulièrement blessées et très vite plus aucun mortel ne vous adresserait la parole. Les gens qui disent ce qu'ils pensent sont bien peu fréquentables ! Et ce qu'ils pensent n'est pas forcément La vérité…

Il vous est sans doute arrivé, comme à moi, d'entendre à votre encontre de ces phrases assassines. Les émetteurs(trices), j'en suis sûre, étaient considérés par leur entourage comme particulièrement acariâtres et insupportables. Ce trait de personnalité n'était sans doute pas permanent chez eux (elles) et quelques qualités compensaient (peut-être) une telle brutalité. Cependant, il existe des personnalités qui adoptent ce mode de fonctionnement en permanence. Les pervers et certains psychotiques en font partie[20].

Le mensonge nécessite de se mettre à la place de l'autre, de se représenter ce que va ressentir l'autre, ce qu'il va penser, comment il va réagir, c'est d'ailleurs une des caractéristiques du très bon menteur. C'est aussi ce qui nous entraîne le plus souvent dans le mensonge ou son atténuation, le compliment pas véritablement ressenti : l'autre va avoir de la peine si je lui dis qu'il a une mine épouvantable depuis quelque temps ; il va penser que je suis un sale personnage si j'avoue avoir triché dans certaines circonstances ; il va se fâcher à vie avec moi si je lui dis avoir eu une relation extraconjugale, etc. Pour conserver une vie sociale et personnelle harmonieuse, nous avons quelques indulgences à l'égard du mensonge puisque nous le pratiquons tous pour nous ménager et ménager notre entourage.

Si je me trouve en présence d'une amie jolie, intelligente et gentille mais que celle-ci possède une fichue tendance à repousser tous les hommes qui l'approchent en se montrant, dans ces circonstances, particulièrement revêche, je tairai mon sentiment à ce sujet. S'il se trouve que cette situation perdure et que la solitude de mon amie la précipite dans une profonde dépression, je nierai encore plus toute responsabilité de sa part dans cet état de fait. Par contre, lorsque celle-ci se remettra doucement de cette dépression, qu'elle me sollicitera pour tenter de comprendre sa situation et que j'estimerai qu'elle est en mesure de m'entendre, je tenterai quelques commentaires qui me permettront de lui dire la vérité – enfin, la vérité des faits. Je pourrai même oser lui apprendre que je ne suis pas la seule à avoir constaté son extrême timidité et qu'elle gagnerait peut-être à tenter de la surmonter.

Un pervers, lui, n'ira pas par quatre chemins, il énoncera cette vérité et sans doute avant même que mon amie ne se confie à lui ou ne l'invite à le faire. Se moquant des autres et ne les respectant pas[21], il ne prendra aucun gant pour émettre son opinion, quoi qu'il en coûte. « Je ne mens jamais, dira-t-il, je ne m'intéresse pas assez à ce que pensent les autres[22]. » Les psychotiques quant à eux sont incapables de se mettre à la place de l'autre, de se représenter d'autres représentations que les leurs : pour eux, l'autre n'existe pas. Par conséquent ils ne savent même pas qu'ils risquent de blesser profondément mon amie en lui disant ce qu'ils pensent de sa situation. Ils parleront… et c'est tout… Rien d'autre ne leur viendra à l'esprit[23]…

Le mensonge comme moyen de ne pas blesser autrui, c'est ce que nous appelons les mensonges altruistes. Et ils sont indispensables. Les accrocs dans les contrats de mariage, par exemple, ne nécessitent pas toujours d'être dévoilés si l'on s'en tient au désastre inutile que cela pourrait provoquer. Si tel ou telle a éprouvé le besoin pendant quelque temps d'aller voir dans le pré d'à côté si l'herbe est plus verte, mais que son intention n'est pas de rompre le lien qui l'unit à son (sa) compagnon(gne), il usera du mensonge. Il sait la douleur et l'humiliation qu'il provoquera en avouant son incartade et leur poids pèse plus lourd dans la balance qu'un mensonge. Dire la vérité sur un sujet comme celui-là, c'est prendre le risque de la rupture. Ce risque est évalué par les individus proportionnellement aux désirs qui sont les leurs.

IL Y A CEUX QUI MENTENT EN PERMANENCE, ET C'EST INSUPPORTABLE

Le mensonge permet tellement d'entrer dans « les représentations de l'autre et de les façonner[24] » que d'aucuns en usent et en abusent au point d'épuiser leur entourage professionnel et/ou personnel. Dès que quelque chose embarrasse ces individus, ils se servent du mensonge afin de se débarrasser de l'importun. Ils savent parfaitement bien qu'en choisissant un argument plutôt qu'un autre leur vis-à-vis ne rétorquera pas : c'est ce que nous appelons dans la vie de tous les jours la mauvaise foi. Les mensonges de ces individus sont en général énormes et/ou judicieusement choisis parce que invérifiables ou incontestables. Ces personnalités sont à peu près aussi peu fréquentables que ceux qui nous assènent des vérités à tour de bras et en permanence dans des conversations qui n'en demandaient pas tant. Les relations qu'ils entretiennent avec autrui sont de même nature.

Ce second travers, mentir tout le temps, peut entraîner les êtres humains très loin. Un exemple aux conséquences dramatiques nous permet de nous en faire une idée. Il offre aussi une illustration stupéfiante de notre naïveté et de notre penchant, ô combien rassurant, à ne pas voir le mal partout, mais aussi de celui parfois fâcheux de ne pas vouloir connaître la vérité.

L'affaire Romand a vu la fin tragique d'un mensonge de près de vingt ans. Rappelons brièvement l'histoire. Jean-Claude Romand, père de famille exemplaire, a trompé ses proches pendant des années. Il n'était pas médecin, pas chercheur à l'OMS, pas l'ami de Bernard Kouchner, ne gagnait pas un centime et n'était pas atteint d'un mal incurable. Lorsque les événements se précipitent et que la fin du mensonge devient inéluctable, Jean-Claude Romand assassine sa femme, ses enfants, ses parents et tente de se donner la mort. Un drame comme celui-ci offre un support incontestable à la psychologie du mensonge. En premier lieu, il amène à distinguer le mensonge de la mythomanie. Jean-Claude Romand est un vrai mythomane. Alors que le mensonge offre un rempart contre le réel, la mythomanie sert de cache-misère[25]. Alors que le mensonge met son auteur à l'abri pour un temps et peut par conséquent être salvateur [26], la mythomanie, elle, donne à l'individu qui en fait preuve un sentiment de revalorisation : c'est en quelque sorte la seule solution qu'il trouve pour remédier à son « image altérée[27] ». Ce type d'affabulateur puise dans la réalité ce qui sera nécessaire pour construire une histoire, une fiction. Son histoire, Sa fiction. Jean-Claude Romand fréquente effectivement la faculté de médecine de Lyon, mais il a raté sa deuxième année, ne s'est pas présenté à la session de rattrapage et assiste au cours des années suivantes en faisant « comme si » jusqu'au terme des études de médecine. Il est constamment sur la route mais non pour se rendre au siège de l'OMS à Genève comme le dit son mensonge, il passe biquotidiennement la frontière et s'installe sur des parkings où il lit des pages et des pages de revues médicales consacrées à « sa spécialité ». Il ne gagne pas un sou mais fait mener grand train à sa famille, il subtilise à ses proches de grosses sommes d'argent pour effectuer des placements, à hauts bénéfices, dit-il, sur des comptes bloqués en Suisse. Il n'est pas l'ami de Bernard Kouchner mais celui-ci lui dédicace son livre et note « amicalement ». Il ne pourra pas exercer comme médecin ? Il suscite l'admiration en choisissant une autre voie de la médecine, il sera chercheur. Lorsque les choses tournent moins à son avantage il s'invente une maladie incurable... mais qui se stabilise pour des années.

Le mythe est né. Derrière la somptueuse façade, la vie de Jean-Claude Romand n'est que ruine et désespoir[28].

Les spectateurs de théâtre sont toujours extrêmement surpris et souvent dépités lorsqu'on leur offre la possibilité, après une représentation, de visiter l'envers d'un décor. Leur imaginaire a investi pendant quelques heures un lieu fait de panneaux de bois et de toiles peintes. Ils ont « cru » les acteurs qui y évoluaient. Ils se sont peut-être identifiés à eux... Toute cette rêverie cesse lorsqu'on leur montre des panneaux de bois qui tiennent grâce à des équerres, des éléments de décor qui sont parfois attachés avec des bouts de ficelle et des coulisses qui ressemblent à leur grenier tellement elles sont encombrées de divers objets, vêtements et accessoires. L'entourage de Romand a été spectateur durant toutes ces années. Il ne leur montrait, de plus avec beaucoup de modestie et de discrétion, que l'endroit du décor.

Lorsque la réalité vient cogner à la porte par la voix de sa maîtresse qui lui réclame une forte somme qu'elle lui a confiée, il panique. Le décor va s'écrouler. D'autant que cette dernière a relevé dans les récits de son amant de nombreuses incohérences qui la rendent très méfiante. Elle menace, y compris de révéler leur liaison à sa femme. Il tente de l'assassiner. Le réel rattrape Romand à grands pas désormais, plus rien ni personne ne peut l'arrêter. Il choisit d'assassiner tous ceux qui l'ont cru, même le chien. Ainsi, ils ne connaîtront jamais l'envers du décor, ils ne verront jamais la triste vérité de sa vie. Il trouvera la liberté en prison où il est enfermé à vie. Il y découvre « un réel supportable ». Des règles, des habitudes, une place. Il y apprend le japonais, découvre la spiritualité. « Je n'ai jamais été aussi libre, jamais la vie n'a été aussi belle (...) je suis un assassin, (mais) c'est plus facile à supporter que vingt ans de mensonge[29]. » La fin de son énorme tricherie se révèle être un grand soulagement pour lui.

La mythomanie de Jean-Claude Romand lui a permis de supporter l'insupportable, le vide, l'absence, le « rien ». Elle n'a pas été mise au jour par ses proches et son entourage qui n'auraient pu imaginer une telle supercherie, tellement l'« histoire » était belle et fonctionnait bien. Personne n'a rien vu, tout le monde s'est laissé berné. « Plus le mensonge est gros, plus il passe », dit-on, cette terrible histoire en témoigne.

Cela étant, Romand présente les caractéristiques d'un excellent menteur. Il a toujours minutieusement préparé ses mensonges et les moyens d'endormir les soupçons. Son scénario « tenait la route », même s'il n'était qu'un château de cartes. Il est selon toute vraisemblance un excellent acteur, possède une très bonne mémoire ainsi qu'un esprit d'initiative performant et une imagination débordante. En face de lui, ses proches n'avaient sans doute pas envie non plus de croire à autre chose qu'à cette belle histoire, elle leur convenait fort bien. La fin de celle-ci aurait également été la fin de leurs propres rêves, pensait Romand et il en décida autrement.

Le mensonge poussé à son paroxysme peut devenir fascinant et terrifiant. Tellement fascinant que celui de Romand a inspiré un livre[30], un film[31] et de nombreuses analyses et commentaires. Le mystère n'est certes pas complètement levé sur cet incroyable marathon d'une tricherie de vingt ans et sur ses ressorts. Elle est par ailleurs particulièrement révélatrice de la crédulité dont nous faisons tous preuve. Sans doute aussi est-elle symptomatique de notre refus de ne pas aller sur des terrains qui pourraient nous entraîner trop loin, mais ces témoins-là ayant disparu, nous n'en saurons jamais rien.

Chapitre II

LES CARACTÉRISTIQUES DU MENSONGE

> « Mais la première Françoise me donna l'exemple que la vérité n'a pas besoin d'être dite pour être manifestée, et qu'on peut peut-être la recueillir plus sûrement, sans attendre les paroles et sans tenir compte d'elles, dans mille signes extérieurs, même dans certains phénomènes invisibles, analogues dans le monde des caractères à ce que sont, dans la nature physique, les changements atmosphériques. J'aurais peut-être pu m'en douter, puisque moi-même, alors, il m'arrivait souvent de dire des choses où il n'y avait nulle vérité, tandis que je la manifestais par tant de confidences involontaires de mon corps et de mes actes. »
>
> Marcel PROUST,
> *À la recherche du temps perdu.*

Le but du mensonge consiste à persuader l'autre, à propos d'un fait qui ne s'est pas déroulé, d'une opinion qui n'est pas la nôtre, d'une émotion que nous ne ressentons pas. Sa fonction est de simuler un état fictif et à dissimuler un état réel. Ce faisant, celui qui ment a l'intention délibérée d'abuser une autre personne, sans donner le moindre avertissement et sans que la victime lui ait demandé d'agir ainsi. Il connaît la vérité et il a le choix de la dire ou non.

Une telle définition implique la présence d'au moins deux personnes, le menteur et sa cible. Elle élimine un certain nombre de personnes et/ou de situations – le joueur de poker, le comédien, le menteur pathologique, le mensonge à soi-même, l'exclu involontaire[1].

Les exclus du jeu

— *Le jouer de poker.* Le mensonge, tel que nous le définissons, implique que la cible n'ait pas donné son accord pour qu'on lui mente. Imaginons un patient face à son médecin. La personne souffrante a passé de très nombreux examens qui ne laissent que peu de doute sur la gravité de son état. Elle rencontre à nouveau son médecin pour connaître diagnostic et pronostic et déclare : « Ne me dites pas que je n'en ai plus que pour quelques jours... » Il est vraisemblable que, si le cas est désespéré, le médecin ne dira pas la vérité puisque le malade le lui demande. Dans le cas du joueur de poker, c'est la même chose mais à l'inverse. Tous les protagonistes de la partie savent que l'un d'entre eux peut bluffer au cours de la soirée. Le mensonge fait partie du jeu. Les règles, les conventions établies entre les joueurs, l'induisent. Si une partie se déroule sans droit au bluff il en sera convenu avant qu'elle ne commence.

— *Le comédien,* lui non plus, ne ment pas et pour les mêmes raisons. Il établit avec son public une convention. Gérard Philipe ne prétend pas être le prince de Hombourg, il l'interprète. Grâce à son talent il permettait aux spectateurs d'en être convaincus le temps d'une représentation. En sortant du théâtre, les admirateurs de

Gérard Philipe étaient bien conscients de l'avoir vu lui et non le « vrai » prince – qui, du reste, n'existe pas.

Le débat sur le lien entre mensonge et comédien ne peut cependant pas être résumé à la simple convention dont nous venons de parler[2, 3]. Depuis Diderot[4], on se demande comment envisager le « paradoxe » du comédien, autrement dit : est-ce que le comédien ressent ou non les émotions qu'il exprime ? Est-ce nécessaire qu'il les éprouve pour être un artiste authentique ? Est-il sincère, lui qui excelle dans la fabrication d'émotions à volonté ? Et, subsidiairement, faut-il éprouver une émotion pour l'exprimer ou suffit-il de l'exprimer pour communiquer[5] ? Nous n'irons pas aussi loin dans la discussion et considérerons que le comédien est exclu de notre définition du mensonge dans la mesure où sa « tricherie » est autorisée. Le public paie même pour cela...

— *Le menteur pathologique* n'entre pas plus dans notre définition du mensonge, bien qu'en la relisant on puisse penser le contraire. Les choix de ces « menteurs »-là relèvent d'un engrenage que seule la psychiatrie et la psychologie clinique peuvent expliquer. L'objectif premier du menteur pathologique n'est pas d'abuser les autres, mais de se sauver lui-même. Il s'agit de personnalités complexes qui deviennent « prisonnières d'un récit » qu'elles ont construit[6] parce que maladivement incapables d'affronter une réalité difficile et douloureuse (voir chapitre premier pour plus de détails).

— *Celui qui se ment à lui-même* est également exclu car son système n'implique pas un émetteur et une cible. Il s'agit d'un « plaisir » solitaire qui échappe souvent à la conscience du sujet et qui présente des côtés positifs et négatifs[7]. Ignorer ou minimiser volontairement la gravité de certains symptômes[8], choisir de se voir diamétralement opposé à ce que l'on est, nier son âge ou sa situation et se lancer dans des activités qui n'y correspondent pas, entraîne souvent l'émetteur de cette automanipulation dans des situations scabreuses. Le mensonge à soi-même permet cependant de protéger l'estime que nous avons de nous-mêmes. S'être fait éconduire par une jeune fille et choisir le mensonge plutôt que le dépit est une solution réconfortante pour l'ego. Dans ce cas, le jeune homme pourra penser que, de toute façon, la soirée aurait été ennuyeuse et que cette personne n'était pas faite pour lui[9]. Le mensonge à soi-même préserve et soulage avantageusement. Il n'abuse dans la plupart des cas que son auteur.

— *L'exclu involontaire* est celui qui ment par erreur. Une jeune femme qui croit avoir été abusée sexuellement lorsqu'elle était enfant et qui en témoigne auprès d'un policier quinze ou vingt ans plus tard ne ment pas. Elle rend compte de quelque chose de faux, d'une déformation de ses souvenirs. Présenter un produit à un prix inexact parce que le vendeur n'a pas été informé d'une baisse est une méprise et une erreur, non un mensonge. Établir involontairement une déclaration d'impôt incorrecte non plus[10]. Associer des faits entre eux sans que cela soit justifié et réel ne relève pas du mensonge mais d'une mémoire qui nous joue des tours.

Les règles du jeu

Maintenant, revenons à notre jeu et à ceux qui le pratiquent en toute connaissance de cause, conformément à notre définition. Le mensonge, évidemment, évolue dans un contexte qui lui est propre. Il se présente sous différentes formes ; son objet porte sur un élément précis et en détermine le type ; sa nature est fonction des mobiles de son auteur. De cette forme, de ce type et de cette nature découle son enjeu, plus ou moins fort. Si l'enjeu est fort, il faut que le menteur réussisse à tout prix ; si l'enjeu est faible, l'échec ne sera pas un drame.

LES FORMES DU MENSONGE

Le mensonge revêt deux formes : l'omission et la falsification.

— *L'omission* permet au menteur de ne pas fournir toute la vérité. Il s'agit de la forme la plus commode : le sujet ne ment pas verbalement, mais il peut présenter les signes non verbaux de celui qui utilise la falsification puisqu'il cache quelque chose.

— *La falsification* fournit, elle, une information verbale et non verbale erronée. Elle est double puisqu'elle porte sur la vérité des faits énoncés et sur l'émotion réellement ressentie. La falsification exige un contrôle plus grand des messages non verbaux que l'omission, contrôle qui s'exercera avec plus ou moins de bonheur selon le canal par lequel ils transitent (voix, visage, corps, etc.).

LES TYPES DE MENSONGE

On distingue trois grands types de mensonge. Un individu peut mentir à propos d'un fait (mensonge factuel) ; il prétend avoir réalisé une tâche qu'il n'a pas exécutée ; à propos d'une émotion (mensonge émotionnel) : il prétend ressentir une émotion ou être dans un état qu'il ne ressent pas ; à propos d'une opinion : il prétend qu'une tâche est très plaisante à réaliser alors que sa propre opinion sur celle-ci, c'est qu'elle est tout à fait rébarbative.

LA NATURE DU MENSONGE

Ce sont les mobiles du mensonge qui en déterminent la nature. Il existe deux mobiles essentiels au fait de mentir : se servir soi, servir l'autre. Ces deux mobiles impliquent une nature différente du mensonge.

On peut mentir de manière altruiste, pour ne pas inquiéter ou alarmer quelqu'un : nous en avons déjà parlé au chapitre précédent à propos des femmes. Ce mensonge ne rapporte rien à celui qui le profère, il n'est commis que dans l'intérêt de la cible. D'autres mensonges, très nombreux, sont anodins, sans grande, voire aucune conséquence pour la cible. Le menteur dans ce cas enjolive des exploits réalisés par lui-même, une situation ou un fait anecdotique (ce sont les prises miraculeuses de certains pêcheurs). Enfin, le mensonge peut être plus compromettant, il a des conséquences lourdes, voire extrêmes, pour l'émetteur comme pour la cible ; la condamnation d'une personne innocente en est un exemple.

La nature du mensonge en fonction de son mobile

MOBILES DU MENSONGE	Se servir soi-même	Servir autrui
NATURE DU MENSONGE	Anodin Compromettant	Altruiste

PETITS OU GROS ENJEUX

L'enjeu est étroitement lié à la nature du mensonge. Il est d'autant plus important que le menteur souhaite que l'on tienne ce qu'il dit pour vrai et que, s'il est démasqué, les conséquences pour lui seront lourdes. Le faux témoignage (en France nous ne sommes que faux témoin et non parjure) fait partie de ces mensonges à très fort enjeu. À l'inverse, les mensonges anodins ainsi que les mensonges altruistes ne représentent pas ou peu d'enjeu.

LE CONTRÔLE EXERCÉ

Certains individus possèdent des prédispositions personnelles qui leur permettent d'agir avec succès sur les émotions qu'ils ressentent et par conséquent sur les effets du mensonge et ses comportements non verbaux visibles[11, 12].

EXPRESSIONS ET EFFETS COMPORTEMENTAUX

Un menteur a le choix entre plusieurs armes possibles afin de limiter les preuves visibles qu'il ment. Il peut inhiber partiellement ou totalement les signaux susceptibles de le trahir pour tenter de ne rien laisser filtrer. Il peut aussi substituer un certain nombre de signaux pour en présenter d'autres : il diffusera alors les signaux correspondant à l'information opposée à celle qu'il veut soustraire. Plus simplement, il présente un visage animé d'un large sourire alors qu'il est mort de peur. Le menteur peut encore exagérer un certain nombre d'expressions. Cette intensité expressive joue le rôle de stimulus supranormal[13], c'est-à-dire qu'elle sera susceptible de déclencher le comportement souhaité chez le récepteur. Ainsi, si vous désirez provoquer la compassion chez un interlocuteur, vous allez exagérer la tristesse et l'accablement que vous ressentez effectivement.

Le mensonge : forme, type, nature et conséquences comportementales

FORMES DE MENSONGE	Omission	Falsification	
TYPES DE MENSONGE	Factuel	Émotionnel	D'opinion
NATURE DU MENSONGE	Altruiste	Anodin	Compro-mettant
ENJEU	Faible	Moyen	Fort
CONTRÔLE DU SUJET	Fort	Faible	
CONSÉQUENCES COMPORTEMENTALES	Inhibition des signaux	Substitution de signaux	Exagération de signaux

L'INFIRMIÈRE ET LE FAUX TÉMOIN

Bien sûr, selon que l'on profère un mensonge altruiste ou compromettant, un certain nombre d'événements vont intervenir en cascade. L'infirmière, qui tente de cacher à un malade, ou à sa famille, la gravité de son état, émet un mensonge typiquement altruiste : il ne produira pas de culpabilité chez son émetteur. L'infirmière ment pour le bien du malade et/ou de la famille et par conséquent bénéficie d'un contrôle fort sur ses comportements. Elle n'a pas du tout le sentiment de faire quelque chose de répréhensible, au contraire ; elle ne craint pas les retombées néfastes d'une duperie.

Le mensonge de l'infirmière

FORME DE MENSONGE	Omission
TYPE DE MENSONGE	Factuel
NATURE DU MENSONGE	Altruiste
ENJEU	Faible
CONTRÔLE DU SUJET	Fort

Par contre, une personne qui accuse un innocent afin de se protéger ou de diluer sa responsabilité dans un crime ressentira, en général, une forte culpabilité et aura du mal à cacher son trouble. Un individu qui émet un mensonge compromettant exercera la plus grande vigilance sur ses comportements, mais pas forcément le plus grand contrôle. Il ne doit pas se trahir et va tout faire pour que son mensonge ne soit pas détecté et que la supercherie passe.

Le mensonge du faux témoin

FORME DE MENSONGE	Falsification
TYPE DE MENSONGE	Factuel
NATURE DU MENSONGE	Compromettant
ENJEU	Fort
CONTRÔLE DU SUJET	Faible

LE BROUILLAGE DES CARTES

Les éléments présentés ici sont schématiques afin de vous exposer la mécanique du mensonge. Si les choses se passaient dans la réalité comme sur ces tableaux, notre tâche s'en verrait fortement simplifiée. À chaque mensonge observé nous n'aurions plus qu'à associer un type de comportement et à chercher si oui ou non nous pouvons mettre une croix dans chacune des cases. Or une des contraintes fortes des études réalisées dans nos laboratoires réside dans le fait que certaines des variables que nous venons d'évoquer peuvent coexister au cours d'une interaction, voire être présentes simultanément. C'est aussi le cas dans la vie courante. Il est fréquent qu'une personne utilise au cours d'un entretien, y compris de très courte durée, l'omission et la falsification. Elle peut aussi falsifier certains signaux et choisir d'en inhiber et d'en exagérer d'autres. Elle peut encore mentir et dire la vérité au cours de la même interaction, ce qui est le cas le plus fréquent. Les seules variables qui sont contrôlables au cours de l'expérimentation sont celles qui dépendent de la nature du mensonge et de son enjeu. Les autres éléments sont livrés à notre observation et nous réservent parfois des surprises – je pense en particulier aux stratégies utilisées par les sujets pour échapper à la détection, stratégies souvent fort subtiles.

Une compagne du mensonge : l'émotion

La communauté scientifique – souvent divisée quand il s'agit de s'entendre sur des définitions et/ou des taxonomies – s'accorde parfois sur quelques-uns des éléments qui composent les objets dont elle se préoccupe. En ce qui concerne l'émotion, elle semble d'accord pour lui affecter trois composantes : une physiologique, une cognitive et une expressive. La définition de l'émotion quant à elle sera fonction de l'intérêt qu'on y porte. De nombreux secteurs d'activité (expérimentaux ou non) s'y intéressent, de l'anthropologie à la neurophysiologie en passant par la psychanalyse, et c'est à partir de l'angle d'observation du phénomène qu'est déduite la définition que chacun lui donne. En ce qui nous concerne ici, l'émotion sera vue comme un signe non verbal et paraverbal visible qui atteste de sa présence lors d'une interaction. Nous admettrons, pour le reste, qu'il existe six émotions fondamentales : la colère, la peur, la tristesse, la surprise, la joie et le dégoût[14]. Ces émotions présentent une relative universalité : 80 % des observateurs auxquels on les soumet, quelle que soit leur culture d'appartenance, les identifient correctement[15, 16]. Précisons enfin que, dans tout un tas de circonstances de la vie courante, le visage d'un individu présente un mélange de plusieurs émotions : la colère et la peur, par exemple, peuvent se dessiner simultanément sur un visage – les mélanges étant d'ailleurs beaucoup plus fréquents que l'apparition d'émotions pures[17, 18].

COMMENT DÉTECTER LA PRÉSENCE D'UNE ÉMOTION ?

Parfois, les chercheurs vous relient à des instruments qui leur permettent de mesurer les modifications de votre pression artérielle, de votre rythme cardiaque ou encore vos réponses électrodermales. Lorsque nous ressentons une émotion notre corps nous le dit : notre cœur bat plus vite, le sang se déplace avec plus d'intensité dans nos artères et notre peau réagit, sa résistance à un courant électrique varie. D'autre part, l'émotion modifie également le timbre de notre voix et des instruments spécifiques mesurent ces changements ; et quand elle altère l'apparence de notre visage, le FACS* identifie et comptabilise toutes ces expressions involontaires ou intentionnelles[19].

D'autres fois, les psychologues vous demandent de vous remémorer certains épisodes récents de votre vie au cours desquels vous avez ressenti une émotion intense – une déception amoureuse, un deuil, une immense joie, etc. Vous allez décrire ce que vous avez éprouvé, pensé, fait, dit et partagé avec d'autres au cours de ce moment particulier[20]. Les psychosociologues et les psychologues cognitivistes s'intéresseront alors aux conditions qui favorisent un comportement émotionnel et aux étapes de cette construction[21] (nous appelons cela

---

* FACS : Facial Action Coding System. Le FACS est un instrument de cotation des mouvements faciaux. Ceux-ci peuvent être rattachés à des émotions éprouvées par l'émetteur (les coins externes des sourcils s'abaissent dans la tristesse) ou de simples marqueurs conversationnels (le scepticisme nous fait lever un sourcil pendant que l'autre s'abaisse, l'effort nous fait souvent froncer les sourcils tandis que la surprise nous les fait soulever). Ces mesures s'appliquent à décrire les mouvements involontaires comme intentionnels émis par une personne. Le FACS est basé sur une analyse du substrat anatomique du visage. Nous devons cette grille d'observation à Paul Ekman et Wallace Friesen.

« l'expérience subjective de l'émotion »). Ces études menées autour de l'expérience émotionnelle permettent, entre autres, de mettre en évidence des modèles descriptifs et explicatifs de phénomènes tels que l'anxiété ou la dépression[22].

LES ÉMOTIONS DU MENSONGE

Les relations qu'entretiennent le mensonge et l'émotion sont étroites. Cependant, mentir n'implique pas systématiquement l'activation d'émotions. Si son auteur pense qu'il est justifié de duper l'autre, il ne ressentira que peu ou pas du tout d'émotions. C'est le cas du vendeur qui estime que présenter un produit en ne parlant que de ses avantages fait partie des règles du jeu commercial : on peut parler de mensonge par omission si le produit en question possède des inconvénients majeurs ; si le produit n'en présente pas, on estimera que le vendeur fait preuve d'un peu de manipulation afin de convaincre un acheteur hésitant.

Il existe, bien entendu, des mensonges beaucoup plus compromettants. Le gain qu'en retire son auteur peut être considérable : obtenir un emploi, éviter la prison, conserver une vie familiale harmonieuse, etc. *A contrario,* si le menteur est découvert, il perd beaucoup. Ces mensonges, aux conséquences lourdes s'ils échouent et aux avantages certains s'ils réussissent, suscitent, eux, la mise en action des émotions du menteur. Celles-ci sont au nombre de trois : deux d'entre elles sont négatives, la peur et la honte ; la dernière est positive, c'est le délice de la duperie[23].

La peur qu'éprouve le menteur est celle de se faire prendre, d'être découvert et de voir son entreprise échouer avec les conséquences que cela implique. Une personne qui triche pour obtenir un poste non seulement peut dire adieu, si elle est découverte, à cet emploi mais prend le risque de voir d'autres portes se fermer devant elle, d'être refoulée de tout un secteur d'activité. La honte, quant à elle, est la conséquence de la culpabilité éprouvée par le menteur. Ce sentiment de culpabilité est double, le menteur a honte de mentir puisque dès son plus jeune âge il a appris que ça n'était « pas beau de mentir » et honte de ce qu'il veut cacher, l'objet du mensonge. Ainsi, une personne en situation d'adultère se sentira coupable de la trahison qu'elle commet et d'avoir à mentir constamment pour que son infidélité ne soit pas découverte.

Attention, toutefois : il arrive parfois qu'un mensonge compromettant ne suscite ni peur ni culpabilité et ne soit par conséquent pas difficile à fabriquer[24]. C'est le cas lorsqu'un individu est particulièrement manipulateur. Si pour lui manœuvrer est un sport dont il pratique l'entraînement de manière quotidienne, mentir sera le moyen privilégié de parvenir à ses fins. Ne dit-on pas que certains mentent comme ils respirent ? Il est vraisemblable qu'aucune émotion ne s'éveille chez ces personnes au moment de passer à l'action. Cela ne veut pourtant pas dire que le mensonge proféré ne serait pas lourd de conséquences s'il était découvert ; simplement, ces personnes ont un seuil de conscience qui semble très bas, plus bas que la moyenne. Toutes choses égales par ailleurs, un autre type de mensonge, beaucoup plus banal, n'active pas non plus d'émotions particulières. Ce sont toutes ces petites tricheries ordinaires de la vie de tous les jours, proférées par nous tous.

Dernière précision : les trois émotions habituellement associées au mensonge ne sont pas systématiquement présentes. Il se peut que le menteur ne ressente que des émotions négatives ou qu'une émotion positive. Si la peur est l'émotion la plus couramment rencontrée, Hitler, modèle de contrôle à propos du mensonge (nous y reviendrons au chapitre VI), ressentait de manière très intense l'émotion positive du mensonge : le délice de la duperie. À l'inverse, un menteur peut éprouver d'autres émotions alors même qu'il ment, des émotions qui n'ont rien à voir avec le mensonge proféré et qui seront, par exemple, suscitées par l'évocation d'un souvenir quelconque au cours de l'interaction avec son interlocuteur. Il est par conséquent délicat d'associer correctement les émotions qui semblent se façonner sur le visage d'un individu, d'autant que l'on sait que les expressions faciales émotionnelles sont certes représentatives d'un état affectif mais également un signal social. Le sourire a le plus souvent cette vocation, il est la marque de la satisfaction, de la joie mais également celle d'une politesse convenue dans bon nombre de situations sociales[25].

La seconde compagne du mensonge : l'enjeu

Le mensonge aime autant l'émotion qu'il apprécie l'enjeu. En fait, il ne peut se passer de l'une et de l'autre. Si vous me permettez cette comparaison culinaire, l'enjeu, ce sont les épices que l'on met dans la sauce – indispensables et qui mijotent dans la préparation un moment avant – et l'émotion serait la sauce, servie au dernier moment pour napper le plat.

L'enjeu est présent avant même que le menteur ne passe à l'action, il a la plupart du temps prémédité son geste, il a l'intention de mentir ou de cacher quelque chose et il est conscient des conséquences d'un échec de son entreprise. C'est au moment des faits que, face à un interlocuteur exigeant, il sera mis sur un gril plus ou moins chaud et que les émotions feront leur apparition proportionnellement à l'exigence de la cible.

Le menteur est placé face à un double défi : convaincre et ne pas se faire prendre[26]. Convaincre est son premier challenge. Un mensonge s'il est réussi peut rapporter beaucoup à son auteur. Il arrive que ce défi donne parfois à la performance à réussir un caractère ludique, lorsque l'enjeu est faible. Nous avons tous connu cet enchantement qui consiste à faire admettre à quelqu'un une absurdité. Qui n'a pas réussi un jour à emmener un(e) ami(e) à la chasse au dahu ? Lors de mensonges plus importants, le caractère ludique n'intervient plus ; cependant, le challenge est toujours présent et peut donner un caractère enthousiasmant au mensonge – pour le menteur, bien entendu.

Avec des personnes qui ont la réputation d'être difficiles à duper, la réussite du mensonge va bénéficier d'un attrait supplémentaire pour l'émetteur conquérant : si le mensonge passe, le tricheur pourra se vanter d'être un excellent menteur. Inversement, un individu qui sait par expérience qu'il est rarement découvert sera d'autant plus efficace et l'enjeu sera doté d'un bonus : ajouter une performance à son palmarès. Mais il existe aussi des mensonges qui n'activent que des émotions négatives. Beaucoup d'entre vous sont persuadés d'être de piètres menteurs. Ce sentiment, sans vrai fondement, entraîne une maigre confiance et renforce d'autant la peur d'être découvert. Les personnes convaincues avant même de mentir que leur entreprise est vouée à l'échec seront d'autant plus sensibles aux effets de cette émotion négative qu'est la peur.

Ne pas se faire prendre est l'autre défi du menteur. L'enjeu le marque de façon importante. Si le mensonge est découvert et que les conséquences sont lourdes, l'enjeu est considérable. Ce qui ne sera pas le cas lors des mensonges de plus faible envergure.

Afin de ne pas être détecté, le menteur doit commettre un minimum d'erreurs non verbales et verbales. Il lui faut ne pas se contredire et, par conséquent, se souvenir de ce qu'il a pu dire quelques instants, voire quelques mois plus tôt. Il est nécessaire qu'il tienne compte de ce que la cible sait ou de ce que le menteur suppose qu'elle sait. Certains éléments sont facilement vérifiables et le menteur doit les prendre en considération. Son « histoire » ou sa version des faits ne sera ni trop exagérée ni trop en deçà d'une réalité plausible. C'est une tâche d'autant plus ardue que le menteur va le plus souvent devoir improviser. En effet, même s'il a soigneusement préparé son mensonge et affûté ses réponses, il ne pourra pas tout prévoir et répondra fréquemment de manière spontanée à des questions qu'il n'avait pas forcément envisagées. Il sera aussi attentif à ne pas se trahir non verbalement.

L'ASSOCIATION MENSONGE-ÉMOTION-ENJEU

L'émotion et l'enjeu fonctionnent en synergie. C'est la force de l'enjeu qui déterminera le moment venu l'activation de certaines émotions et leur intensité. Il est clair que cette forte activité émotionnelle et cognitive n'est pas sans conséquences sur la personne qui ment. Les mensonges importants vont, sauf cas particulier, entraîner tout un tas de phénomènes observables si l'on sait y prêter attention.

La pression émotionnelle provoquée par le fait de mentir entraîne des décharges de comportements souvent peu contrôlables par l'émetteur et très fugitives. On constate fréquemment une apparition soudaine de comportements en rafales, qui disparaissent aussi brutalement qu'ils étaient apparus. Par exemple, un individu qui n'a pas pour habitude de cligner des yeux se mettra tout à coup et pendant une ou deux secondes à émettre ce comportement qui cessera brusquement.

Le menteur est par conséquent contraint de tenter de dissimuler les effets comportementaux de cette pression émotionnelle, son état réel, et de simuler une ou des émotions, un état fictif non ressenti. Dans le même temps, il doit contrôler avec efficacité son discours, le rendre cohérent, ne pas « révéler des choses qu'il n'aurait pas voulu dire (...), oublier celles qu'il s'était promis de dire[27] » et réussir à taire ce qu'il désire cacher. Bref ! le menteur doit parler, penser, répondre, masquer son état réel, présenter une apparence convaincante et honnête à son vis-à-vis, tout cela en quelques instants ! Voilà qui fait beaucoup pour un seul homme !

La règle présentée ici est générale et n'inclut aucun particularisme. On peut dire que c'est comme cela que les choses se passent chez monsieur Tout-le-monde. La cascade d'événements induits par le mensonge est ici posée sur le papier et je fais appel à vos souvenirs maintenant. Tous ces épisodes se déroulent en quelques secondes, parfois même en quelques fractions de seconde. Vous savez tous que lorsque vous avez à mentir, il vous faut être très concentré sur votre mensonge et très réactif afin de parer aux effets émotionnels du mensonge et aux questions de votre interlocu-

Étapes cognitive, émotionnelle et comportementale du mensonge

Le mensonge provoque des ÉMOTIONS. Si l'émotion est trop intense, elle est désorganisatrice, désadaptative. En revanche, une émotion de coût moyen pour l'organisme permet de mettre toutes les ressources à la disposition : ↓ de l'ADAPTATION, du TRAITEMENT[28]. Cette adaptation, ce traitement, se font en l'occurrence dans le cas du mensonge sous la forme : ↓ d'un CONTRÔLE par le sujet de ce qu'il dit, de ses mouvements, de ses expressions faciales... ↓ Mais le TRAITEMENT est en partie indépendant de la conscience[29]. ↓ Ainsi, le CONTRÔLE ne sera pas total. ↓ Nous observerons donc des « FUITES » COMPORTEMENTALES.

teur. Tout cela nécessite un effort et une attention considérables. Une telle somme d'informations à traiter provoque chez le citoyen ordinaire un trop-plein. Cette surabondance aura des effets. C'est ce que certains appellent les « fuites » comportementales (*nonverbal leakage*)[30] : l'information réelle que le sujet tente de dissimuler se répand. Il ment et ça se voit. Ces fuites sont des indices que l'individu ne parvient pas à réprimer. Ce sont ces aspects non verbaux qui permettent de penser qu'une personne ment. Si le mensonge offre aux yeux de l'observateur ou de la victime beaucoup d'éléments à considérer, beaucoup trop d'éléments, il existe cependant une justice puisqu'il est impossible pour le menteur de tout contrôler ! Un détecteur averti possède pour cette raison un avantage certain sur un menteur, même performant.

Les paradoxes du mensonge

Le mensonge est une activité humaine ordinaire et, à ce titre, il présente de nombreux paradoxes. En voici les plus importants.

Lorsque nous mentons, nous tentons d'avoir une emprise sur ce qui est difficile à contrôler, notre voix et notre visage, parce que ceux-ci sont les objets de l'attention incessante d'autrui. Or ces deux canaux sont reliés en direct aux sièges des émotions dans notre cerveau. Par conséquent, le contrôle à exercer est ardu. En ce qui concerne notre voix, c'est quasiment impossible ; c'est plus facile pour notre visage parce que nous avons l'habitude de le façonner. Par ailleurs, l'enjeu d'un mensonge est déterminant dans le contrôle. Plus l'enjeu est fort, plus nous tenterons de mettre un frein à de nombreux débordements comportementaux, et plus le risque de voir apparaître des fuites comportementales sera grand. Toutefois, ces fuites ne sont pas forcément décelables à l'œil nu.

Voici le paradoxe, vous allez tenter de contrôler ce qui est difficilement contrôlable, votre visage et votre voix, et vous trahir par ce qui est le plus facilement contrôlable, les indices corporels. La qualité et l'intensité du contrôle des expressions faciales sont limitées sans entraînement intensif et le visage est, par ailleurs, observé de façon pénétrante et fréquemment au cours d'une interaction. En revanche, les indices corporels, eux, sont négligés par les observateurs naïfs parce que jugés peu signifiants alors que ce sont eux qui nous renseignent efficacement sur l'état d'une personne parce que peu soumis au désir de contrôle de l'émetteur.

Vous vous dites que vous, vous ne vous comportez pas comme ça ? Mais tous les menteurs se comportent peu ou prou de la même manière. C'est-à-dire que tous montrent des signes de leur embarras *a minima*, de leur peur d'être découverts *a maxima*. Imaginons... Dans une recherche focalisée sur les comportements associés au mensonge, vous êtes choisi comme cible d'un mensonge potentiel et on vous demande comment vous supposez qu'un menteur se comporte. Le plus souvent, vous allez dire qu'il montre des signes de nervosité, qu'il ne regarde pas son interlocuteur en face, qu'il a des hésitations du discours, et vous citerez des stéréotypes. Par contre, si c'est vous qui avez menti et que l'on vous demande de manière réflexive : « Comment pensez-vous vous être comporté ? » (non verbalement s'entend), vous direz sans doute avoir évité tous ces comportements présents chez les autres et que vous recherchez d'ailleurs parce qu'ils attestent que, vraisemblablement, ils ont menti. Bref, vous seriez seul capable de penser qu'il faut éviter les comportements stéréotypiques du mensonge ? Ce n'est pas le cas évidemment ! Vous pensez bien que tout le monde se fait la même réflexion que vous, à savoir : « Je vais éviter de montrer des comportements qui attirent la suspicion pour ne pas être démasqué. » D'ailleurs ça marche ! Les menteurs sont assez performants puisque rarement découverts et ils parviennent efficacement à éviter les comportements qui attirent la suspicion.

Chapitre III

QUI MENT À QUI ? ET COMMENT ?

> « Puissance du langage : avec mon langage je puis tout faire : même et surtout *ne rien dire*.
> Je puis tout faire avec mon langage, *mais non avec mon corps*. Ce que je cache avec mon langage, mon corps le dit. Je puis à mon gré modeler mon message, non ma voix. À ma voix quoi qu'elle dise, l'autre reconnaîtra que "j'ai quelque chose". Je suis menteur (par prétérition), non comédien.
> Mon corps est un enfant entêté, mon langage un adulte très civilisé... »
>
> Roland BARTHES,
> *Fragments d'un discours amoureux.*

Le mensonge est présent quotidiennement dans nos vies. Nous baignons dedans dès notre plus jeune âge et nos enfants comprennent très vite, avant même de savoir utiliser le langage, qu'ils peuvent influencer nos représentations par un simple comportement. Ils constatent, encore bébés, qu'il suffit de désigner du doigt un objet pour que nous comprenions qu'ils le désirent. Dire « pain, pain... » n'est pas nécessaire ; le montrer suffit à satisfaire leur attente. Agissant ainsi, ils découvrent que, en codant leurs gestes, ils manipulent nos représentations[1]. Et leurs progrès ne feront que s'accentuer avec le temps...

L'apprentissage de la manipulation

Nous comprenons ce que nos tout-petits veulent grâce à l'index pointé et au regard dirigé vers l'objet de leur convoitise. De même, ils comprennent très tôt que, lorsque nous agitons notre index sans rien dire, cela signifie soit que nous « jouons » les fâchés, soit que nous allons nous fâcher et ils font très bien la différence. Il arrive fréquemment qu'en guise de réponse ils nous gratifient d'un de leurs plus beaux sourires, faisant ainsi immédiatement retomber la tension qui nous gagnait, éloignant la fessée qui se préparait. Ils savent aussi que, s'ils prennent un air de chien battu lorsque nous les envoyons se coucher, nous penserons peut-être qu'ils en sont réellement malheureux… Si c'est le cas, la théâtralisation de leurs comportements se fera aussi fréquente que leurs désirs de ne pas se soumettre aux règles. Si nous estimons qu'ils ont des raisons d'être malheureux d'aller au lit, ils commenceront à mentir et à bien mentir puisqu'ils tireront profit de leurs mensonges en nous manipulant ou plutôt en manipulant nos représentations[2]. Ils « joueront » ainsi les malheureux… les tristes… les autoritaires… les charmants, etc., chaque fois que leur désir de nous soumettre le leur suggérera.

Il nous arrive très fréquemment d'accepter d'être ainsi « ensorcelés ». Les mimiques de nos enfants nous font rire et nous sommes, dans la plupart des cas, peu dupes de leur petit cinéma muet. Nous acceptons cependant de « jouer le jeu » du petit enfant fort chagrin d'avoir à aller se coucher seul dans sa chambre pendant que les adultes restent à s'amuser dans le salon devant la télévision… Ou encore, nous sommes les spectateurs ravis de ces petites mises en scène qu'ils fabriquent lorsqu'ils jouent à être gais ou toniques avec excès. Les foules adorent celui qui les subjugue[3], nos enfants le savent bien et usent avec talent de cette fascination qu'ils exercent sur nous.

Ce faisant, ils apprennent ainsi à jouer des rôles et à communiquer des sentiments qu'ils n'éprouvent pas réellement. En d'autres termes, ils apprennent à mentir et s'y exercent chaque fois qu'ils fabriquent leur petit théâtre personnel. Ils savent très vite nous servir sur un plateau ce que nous attendons, ou en tout cas ce qu'ils pensent que nous attendons (« j'imagine son monde, ce qu'il [elle] pense, ce qu'il [elle] ressent... » et je le lui donne[4]). Ils sont capables, avant même d'user habilement du langage, de se mettre à notre place et de manipuler nos émotions et nos représentations.

De façon générale, nous fréquentons et apprécions la compagnie de personnes qui mentent souvent, à commencer par nous-mêmes. Nous demandons à nos enfants de mentir. Nous les poussons à dire à tante Suzanne combien ils apprécient le cadeau qu'elle leur a fait pour leur anniversaire. Nous leur demandons, et en particulier lorsque ce sont des garçons, de ne pas exposer leurs émotions lorsqu'ils ont mal ou de la peine. Et, de la même manière, nous mentons devant eux en leur faisant qui un clin d'œil, qui un froncement de sourcils complice, lorsque tante Suzanne ne doit pas savoir que le cadeau d'anniversaire est parti à la poubelle...

La psychologue sociale que je suis, elle, s'inquiète de savoir comment nous mentons et surtout en utilisant ou en inhibant quels moyens comportementaux. Par ailleurs, je cherche à connaître le poids, dans la réussite ou l'échec du mensonge, d'un certain nombre de caractéristiques individuelles et/ou du contexte dans lequel se déroulent les interactions.

MENTEURS ET MENTEUSES : LA RÉVÉLATION DE DIFFÉRENCES

L'émission de comportements non verbaux varie que l'on soit un homme ou une femme. D'une manière générale, les hommes exécutent plus de mouvements avec leurs jambes et leurs pieds et font plus de gestes illustrateurs* que les femmes. Les femmes ont plus de contacts oculaires avec leur interlocuteur que les hommes, surtout si elles s'adressent à une autre femme. Elles sourient et rient plus souvent, elles admettent pleurer plus souvent qu'un homme et de manière plus intense. Leurs expressions émotionnelles sont plus facilement identifiées par un juge extérieur que lorsque c'est un homme qui présente ces mêmes expressions[5, 6]. La façon de s'asseoir pour une femme est différente, de même que celle de saluer une connaissance ou de manifester son embarras. Il existe donc des comportements non verbaux typiquement masculins et typiquement féminins, et reconnus comme tels par des observateurs.

On considère généralement que les hommes et les femmes menteurs vont diminuer les mouvements de pieds, de jambes ainsi que les gestes illustrateurs, et maintenir un nombre suffisant de contacts oculaires afin, justement, d'échapper aux stéréotypes du menteur. Autrement dit, lorsqu'une femme ment, elle tenterait de conserver du mieux qu'elle peut les comportements non verbaux qui appartiennent à son sexe. Les sujets masculins, eux, vont limiter les gestes typiques de leur sexe pour éviter qu'une forte augmentation de ces penchants

* Tous ces gestes que nous faisons avec les mains lorsque nous parlons.

naturels ne les fasse apparaître comme nerveux et n'attire l'attention sur eux ainsi que la suspicion.

Le manipulateur favori de la gent masculine en temps ordinaire – le mouvement de pieds et de jambes – se transforme donc en un autre manipulateur, facial cette fois, alors que les femmes maintiennent des caractéristiques de leur sexe : elles sourient et rient fréquemment. Une certaine nervosité se manifeste chez les deux sexes et trouve son illustration dans une agitation des jambes et des pieds[7].

Or, phénomène notable, si l'on s'intéresse aux différences de comportements non verbaux entre enfants des deux sexes, on constate que les écarts n'existent pas[8]. Chaque enfant apprend avec un tuteur le concept du trapèze ou le concept du triangle équilatéral. Il passe ensuite un test au cours duquel il répond à une série de vingt questions qui servent à confirmer son apprentissage. Dans la condition mensonge, le test est réalisé de telle sorte que l'enfant a 90 % de chance de réussir. Dans la condition vérité, c'est le contraire : l'aide apportée par le test ne lui donne que 10 % de chance de réussite. Les résultats de cette expérience montrent que les éloges faits aux enfants produisent des comportements non verbaux différents selon la condition. Les enfants qui sont placés en situation de tricherie produisent moins de sourires, plus de mouvements déplaisants de la bouche et plus de pauses verbales que ceux qui sont placés dans la condition honnête, et ce quel que soit leur sexe. À l'école, il n'y aurait donc pas de différence entre le comportement des garçons et celui des filles. En revanche, les uns et les autres vont perfectionner leur technique du mensonge avec une efficacité redoutable au fur et à mesure qu'ils grandissent...

UN SAVOIR-FAIRE QUI AUGMENTE AVEC L'ÂGE

Si mentir fait appel à la coordination par l'individu de sa cognition, de ses émotions et de son comportement, à partir de quel âge sommes-nous en mesure d'effectuer correctement et en même temps ces trois opérations[9] ? On demande à des enfants âgés de 3 à 9 ans de dissimuler un objet dans le laboratoire et de tout faire pour qu'une personne qui y vient quelques instants plus tard ne le trouve pas. Les analyses montrent que l'âge chronologique est positivement corrélé avec le taux de succès et négativement corrélé avec le taux de fuites non verbales. Ainsi, plus les enfants avancent en âge, plus l'inhibition des comportements qui pourraient les trahir est forte, et plus la simulation de fausses expressions leur permettant de réussir un mensonge est importante.

Les progrès que l'âge autorise

ENFANTS DE 3 ANS	ENFANTS DE 9 ANS
Parviennent à inhiber certains comportements qui pourraient les trahir	Parviennent à inhiber certains comportements qui pourraient les trahir et parviennent à simuler de fausses expressions

Mais si l'enfant fait des progrès indéniables avec l'âge il est, dès 3 ans, apte à produire un « vrai » mensonge. Une motivation forte à mentir pour un très jeune enfant réside dans le fait d'éviter une punition. On demande à des enfants de 2 ans de ne pas manger de gâteaux. Un peu plus tard, la maman pose la question fatidique : « Est-ce que tu as mangé des gâteaux ? » L'enfant reconnaît l'avoir fait. Sa mère se met en colère et le punit. L'enfant apprend ainsi que dire la vérité ne lui apporte que des ennuis[10]. Il tente alors quelques mensonges et constate que certains d'entre eux seront détectés par ses parents – le gâteau a diminué et il a des traces de chocolat autour de la bouche – pendant que d'autres ne le seront pas. Il avouera ainsi sa désobéissance parfois et la dissimulera dans d'autres circonstances[11, 12]. Cet apprentissage de la vie commence dès 2 ans.

MAMAN, CE N'EST PAS LA VOISINE...

Certains facteurs peuvent augmenter l'éveil chez un sujet* et avoir un impact sur l'émission et le contrôle des signes non verbaux. Être en présence d'un intime est l'un de ces facteurs, cela vaut pour les enfants comme pour les adultes. Petits ou grands, nous allons être plus concentrés et tenter d'être plus efficaces selon celui à qui notre mensonge est destiné.

Quelle que soit la personne à qui ils s'adressent (ami, intime, étranger), les sujets menteurs se tortillent moins fréquemment sur leur chaise que les personnes de bonne foi[13]. La dominante générale pour les autres indicateurs révèle que, en présence d'un ami ou d'un intime, on contrôle bien et mieux l'ensemble de nos comportements. Par conséquent, le nombre et la nature des indices que nous présentons sont moins variés et moins importants que lorsque nous sommes en présence d'un étranger. Avec ce dernier, nous faisons preuve d'une ani-

* Éveil : mobilisation de toutes nos énergies pour parvenir à un but.

mation générale plus grande, nous bougeons plus et plus souvent, présentons plus de manipulateurs faciaux et de manipulateurs centrés autour de la tête (cheveux, cou ou visage)*, la tournure de nos phrases est moins directe. À l'inverse, lorsque nous nous trouvons en présence d'un intime, notre allure générale paraît plus calme. Nous sommes moins agités et parvenons à un contrôle efficace de l'ensemble de notre présentation.

Par conséquent, lorsque nous mentons à une personne qui connaît bien nos comportements habituels, nous inhibons le plus possible toutes les attitudes risquant de nous trahir – parce que peu fréquentes en temps ordinaire – et susceptibles d'être immédiatement remarquées par cet interlocuteur qui nous connaît bien, ce qui déclencherait des doutes quant à notre sincérité... Nous nous attachons à paraître le plus naturels et le plus calmes possible en éliminant les gestes qui pourraient attester d'une certaine nervosité. Autrement dit, nous optons pour la sobriété. En faire le moins possible est encore la solution la plus efficace pour ne pas se faire prendre.

ÊTES-VOUS MACHIAVÉLIQUE OU INTROVERTI ?

Outre ces circonstances auxquelles nous sommes tous soumis – nous sommes hommes ou femmes, vieux ou jeunes, amenés à mentir à un proche ou à un étranger –, chacun de nous possède certains traits de personnalité. Comment ceux-ci agissent sur nos capacités à émettre un mensonge ?

---

* Exemple : se passer la main dans les cheveux, frotter son visage avec la paume de la main, gratter un bouton imaginaire, etc.

• Les individus machiavéliques sont-ils meilleurs menteurs ?

Le machiavélisme est un trait de personnalité qu'on suppose d'emblée grand pourvoyeur d'excellents menteurs. Le fait d'aimer manipuler autrui peut effectivement impliquer une aptitude particulière au mensonge.

Machiavélique et non machiavélique : des comportements différents ?

On mesure le niveau de machiavélisme de sujets amenés à participer à une expérience et on les répartit en deux groupes, les très machiavéliques et les faiblement machiavéliques[14]. Six semaines après la passation de ce test, tous et toutes viennent au laboratoire pour participer à une étude prétendument consacrée à l'analyse conversationnelle. L'expérimentateur donne à chaque sujet une liste de vingt questions avec lesquelles il se familiarise. Puis chacun d'entre eux s'entretient avec une personne (un compère) à propos des grands thèmes de société abordés dans ces questions. Les sujets de la condition mensonge sont appelés à mentir en répondant à une question précise parmi les vingt. Les sujets de la condition vérité sont amenés à être le plus sincères possible en répondant à toutes les questions.

Les résultats montrent que les personnes les plus machiavéliques diffèrent dans leurs comportements de celles qui ne le sont pas. Pour être tout à fait exact, un comportement apparaît de manière plus prégnante chez ces personnes : les *manipulateurs corporels** qu'ils utilisent se révèlent d'une durée plus longue que chez les individus faiblement machiavéliques.

* La définition est la même que pour les manipulateurs faciaux sauf que cette fois-ci c'est une partie du corps qui gratte, triture, frotte une autre partie du corps. Par exemple se frotter la cuisse avec la paume de la main, frotter ses mains l'une contre l'autre, etc.

En dehors de cette différence comportementale ténue – il est vrai, les individus machiavéliques diffèrent de ceux qui ne le sont pas dans leur attitude vis-à-vis du mensonge. Ils profèrent des mensonges égoïstes en très grand nombre et persistent dans leur mensonge lorsqu'on les incite à le faire. Ils ne se sentent pas mal à l'aise quand ils mentent et trouvent l'« exercice » facile. Ils admettent utiliser le mensonge fréquemment pour parvenir à leurs fins et se sentent peu concernés par la morale[15]. Toutefois, ils se méfient de ceux qui pourraient leur rendre la pareille et ne se risquent au mensonge que lorsqu'ils sont persuadés qu'ils ne seront pas découverts.

Malgré un cynisme certain, les machiavéliques sont plutôt appréciés dans de multiples occasions : il s'agit de personnes dominantes et calmes, sûres d'elles dans les conversations. Elles sont préférées aux personnes peu machiavéliques et très appréciées en tant qu'associées[16].

Cependant, lorsque l'on demande à des personnes d'évaluer une attitude concrète d'individus machiavéliques ou non, les premiers sont perçus comme égoïstes, arrogants, indifférents, à qui l'on ne peut pas se fier, agressifs et suspicieux. On demande à des individus, préalablement associés à un groupe en fonction de leur degré de machiavélisme, d'écrire la suite d'une petite histoire. Elle propose au sujet fortement ou faiblement machiavélique d'imaginer qu'il est rescapé, ainsi que deux autres compagnons de voyage, d'un naufrage. Le sujet doit écrire la suite et la fin de l'histoire. Il est ensuite demandé à d'autres personnes d'évaluer ces récits.

Les machiavéliques seront jugés fort sévèrement. Leurs comportements à l'égard de leurs deux camarades d'infortune et les perspectives qu'ils envisagent pour se sortir de ce mauvais pas vont systématiquement dans le sens d'un « après moi, le déluge ». Tandis que les sujets faiblement machiavéliques considèrent des solutions plus coopératives et collectives.

Pourquoi n'apprécions-nous pas les individus machiavéliques ?

Ce sont les moyens radicaux adoptés par les individus fortement machiavéliques qui révèlent une facette de leur personnalité pas toujours appréciée. Ils se demandent par exemple comment ils vont (bien qu'ils aient peu de matériel pour ça, précisent-ils), dès que la faim commencera à se faire tenace, manger leurs compagnons qui sont, de toute façon, de véritables poules mouillées. Tandis que les faiblement machiavéliques sont contents de se retrouver par hasard avec ces deux personnes dans cette situation délicate parce que ce sont des « gentils » avec qui ils se sont entendus tout de suite à merveille[17]... Le cynisme des premiers, lorsqu'il apparaît de manière flagrante, nuance l'attirance que leur charisme induit.

• Les introvertis sont-ils de moins bons menteurs ?

Les introvertis sont associés, dans la vie courante, à des personnes moins sociables, moins à l'aise en société, moins volubiles, plus timides et plus anxieuses que les extravertis. Ces derniers auraient par conséquent quelques avantages sur leurs opposés en matière de mensonge dans la mesure où leur habileté sociale les porterait à être plus experts dans le maniement du verbe et du geste. Cette caractéristique autorise à se demander si les extravertis – soit des personnes qui semblent avoir de plus grands talents de communicateurs que les autres – font de meilleurs menteurs que les introvertis[18, 19, 20].

Quel que soit son style de personnalité, le sujet parvient à présenter une image particulièrement expressive si on le lui demande. Un individu qui paraît inhibé au premier abord peut donc apparaître très expressif s'il le souhaite.

Pour le savoir, des chercheurs font passer une série de tests à des sujets[21]. Le premier d'entre eux a pour objectif de mesurer l'habileté à contrôler ses comportements lors d'une interaction, le deuxième s'attache à mesurer l'expressivité non verbale d'un individu (communément appelé « le test du charisme personnel »), le dernier test mesure l'extraversion. Les sujets mentent et disent la vérité en décrivant des images qu'ils ont eu l'occasion d'observer quelques minutes auparavant. D'une manière générale, les résultats montrent que l'habileté à convoyer des messages émotionnels et une apparence honnête sont négativement corrélées avec tous les indices synonymes de nervosité. En d'autres termes, toute attitude nerveuse de la part d'une personne masquera l'émotion qu'elle tente de transmettre et la fera apparaître comme suspecte, si l'on soupçonne la présence d'un mensonge. Les extravertis – qui donnent d'eux-mêmes une apparence plus honnête – présentent moins de comportements synonymes de nervosité quand ils mentent que quand ils disent la vérité. Ces attitudes, qui font apparaître l'individu comme très nerveux, sont les changements fréquents de posture, les mouvements constants des jambes et les triturages des doigts, des mains et du visage. Les auteurs de l'étude en concluent que les personnes extraverties et très expressives semblent posséder une plus grande habileté que les autres à gérer les comportements stéréotypiques du mensonge, et ce quelles que soient les circonstances. Les sujets qui sont les meilleurs « acteurs » (qui parviennent à convoyer avec plus d'efficacité les messages émotionnels) sont aussi de meilleurs menteurs. La totalité de leurs comportements non verbaux n'est que peu affectée par le mensonge. Lorsqu'ils mentent, ils fournissent des descriptions plus plausibles d'images qu'ils n'ont pas vues, ont plus de contacts oculaires avec leur interlocuteur et présentent plus d'adaptateurs corporels que lorsqu'ils disent la vérité.

Cela étant, il est intéressant de constater que si l'on demande à un introverti de forcer le trait de l'expressivité, il s'en sort très bien et apparaît aussi expressif que quelqu'un qui l'est « naturellement ». Par contre, lorsque ce jeu de rôle n'est pas suggéré, l'introverti apparaît nerveux, donc suspect et le piètre communicateur (souvent introverti) guindé et donc suspect !

FAUT-IL IMPROVISER OU SE PRÉPARER ?

En dehors des traits de personnalité, le contexte dans lequel se déroule le mensonge joue évidemment un rôle. Être motivé à réussir, préparer minutieusement son mensonge et ne pas être assailli de questions ne provoquera pas les mêmes effets que si notre désir de faire accepter une contrevérité est mou et que notre vis-à-vis nous presse de demandes.

• La préméditation : avantage ou inconvénient ?

Il est assez fréquent que nous préparions un mensonge avant de le proférer. Lorsque c'est le cas, les menteurs parlent plus, ont plus de mouvements affirmatifs de la tête, sourient et rient plus ; leurs manipulateurs corporels sont plus longs que lorsqu'ils disent la vérité[22]. Ce contrôle, réussi, sur certains comportements éloigne la suspicion[23]. Les menteurs, qu'ils aient le temps de préparer leurs discours ou qu'ils mentent spontanément, répondent plus vite aux questions que les personnes qui disent la vérité[24].

Dans l'ensemble, on constate que la planification du mensonge est associée à un nombre plus important de changements de posture, à un moins grand nombre de gestes et à plus de sourires de la part des menteurs fortement préparés en comparaison des personnes qui mentent spontanément. Lorsque l'on demande à des personnes de mentir sans qu'elles aient le temps de s'y préparer, la maîtrise d'un certain nombre de comportements n'existe plus[25]. Les menteurs spontanés ne parviennent pas à présenter une apparence honnête, souriante, calme et détendue.

La préparation du mensonge avantage donc son émetteur puisque celui-ci parvient à limiter le nombre de gestes qu'il fait, à paraître peu nerveux et à garder un nombre suffisant de sourires, ce qui, assurément, lui donnera une apparence chaleureuse et donc honnête. Par contre, mensonge préparé et mensonge spontané se rejoignent sur un point : le temps mis pour répondre à une question est plus court que si la personne est de bonne foi.

• Questionner un menteur,
est-ce le mettre en porte-à-faux ?

Poser des questions à un menteur l'avantage s'il n'interagit qu'avec une personne, deux tout au plus. Seule la présence de plusieurs personnes est à même de le troubler suffisamment pour qu'il se trahisse, ou que, à tout le moins, il présente des comportements significatifs d'embarras. En petit comité, il apparaîtra même d'autant plus honnête qu'on lui pose des questions, et plus honnête parfois qu'une personne de bonne foi à qui l'on ne pose pas de questions[26]. En revanche, s'il est observé par plusieurs personnes lors de l'« interrogatoire » (cinq individus regardent l'interaction sur un moniteur dans une salle adjacente), des indices révélateurs d'une volonté de tricherie apparaîtront.

Des chercheurs s'intéressent en détail aux comportements qui distinguent une personne qui ment de celle qui dit la vérité, lorsque toutes deux sont interrogées[27]. Ils demandent à des sujets de compléter deux questionnaires : une échelle de désirabilité sociale* et une échelle d'autoprésentation*. Les items de ces deux échelles servent de support à l'expérience. Après avoir répondu une première fois par écrit aux questions des tests, les sujets vont répondre de façon sincère ou mentir à propos de ces mêmes questions au cours d'un entretien. Dans une modalité dite de « questionnement » l'intervieweur (un compère) demande au sujet quand il a menti et quand il a répondu la vérité. Dans une seconde modalité dite « absence de questionnement », le compère pose les mêmes questions au sujet : « Quand avez-vous dit la vérité ? quand avez-vous menti ? », mais ne discute pas les réponses du sujet, qu'elles soient mensongères ou non. Les chercheurs qui s'intéressent à trois comportements – les indices conversationnels*, les contacts oculaires et l'animation du visage ainsi que son aspect agréable – constatent qu'il existe un effet du questionnement sur les comportements non verbaux des menteurs.

— *En ce qui concerne les indices conversationnels*, les sujets qui disent la vérité commettent plus d'erreurs de discours et font plus de pauses que les sujets qui mentent, et ce, avant le questionnement. À

* Les indices conversationnels sont ici : les erreurs de discours, les pauses verbales, les hésitations verbales.

partir du moment où le compère pose des questions, ce sont les menteurs qui ont des pauses de discours plus fréquentes. Ils ont tendance à parler moins longtemps et, de ce fait, répondent à plus de questions, leurs réponses sont plus courtes et surtout incomplètes. Les sujets qui disent la vérité ont plus tendance à interrompre leur interlocuteur que les menteurs. Tous les sujets, qu'ils appartiennent à la condition mensonge ou à la condition vérité, donnent de plus longues explications à partir du questionnement.

— *En ce qui concerne les contacts oculaires*, les menteurs en présentent moins au moment où ils sont interrogés.

— *L'animation générale du visage* des sujets menteurs, quant à elle, diminue avant même qu'ils soient soumis aux questions du compère ; celle des sujets de bonne foi diminue, quant à elle, au cours de la seconde moitié de l'interaction, à partir du moment où ils sont mis sur le gril. La fréquence des hochements de tête en signe d'approbation baisse chez les sujets de bonne foi lorsqu'ils sont questionnés, alors que l'utilisation de ce signe d'assentiment n'est pas affecté par le questionnement chez les sujets menteurs : ces derniers continuent à opiner du chef, y compris lorsqu'on les questionne de façon serrée.

Effet du questionnement sur un menteur et sur une personne de bonne foi

	VÉRITÉ	MENSONGE
AVANT LA QUESTION	Erreurs de discours ↑ Pauses ↑	AVANT ET APRÈS LA QUESTION Animation générale du visage ↓ Hochements de tête en signe d'approbation =
APRÈS LA QUESTION	Interruptions de l'interlocuteur ↑ Explications + longues Animation du visage ↓ Hochements de tête en signe d'approbation ↓	Pauses ↑ Explications + longues Parlent – longtemps Réponses + courtes Réponses incomplètes Contacts oculaires ↓

↑ : en augmentation.
↓ : en diminution.

• La motivation à réussir rend-elle le menteur plus efficace ?

La plupart du temps, lorsque nous mentons, nous sommes motivés à réussir nos mensonges, c'est-à-dire à tout faire pour ne pas être détectés. Lors de petits mensonges ordinaires, si nous sommes découverts, nous serons pour le moins vexés. Si le mensonge est plus lourd de conséquences, notre crainte sera de perdre quelque chose : une amitié, un travail, un mariage, la confiance d'autrui, etc. Dès lors, la motivation à réussir est toujours plus importante dans la vie courante que lors des expériences réalisées en laboratoire, bien que les chercheurs s'ingénient à trouver des motivations fortes à leurs sujets expérimentaux. Néanmoins, nous constatons que lorsque l'espoir de réussir convenablement un mensonge est bas pour un individu, sa motivation est faible et ses chances de succès inexistantes : ce sont des sujets qui sont facilement détectés. S'il est important pour le menteur de réussir (récompense en cas de performance correcte) mais que son espoir d'y parvenir est faible, il sera également détecté.

Certes, la motivation à réussir un mensonge en laboratoire est relativement difficile à obtenir alors que, dans la vie courante, elle va de soi et qu'elle est forte, mais les résultats des recherches sont, quoi qu'il en soit, non négligeables. Si l'on compare des sujets motivés, faiblement et fortement, à des sujets qui préparent, qui planifient leur mensonge, les premiers présentent une animation générale beaucoup plus grande que les seconds[28]. Lorsque l'on passe en revue une quinzaine d'études qui mettent en relation le mensonge et la motivation, on constate que les menteurs motivés présentent moins de clignements d'yeux, moins de mouvements de tête, moins de manipulateurs, moins de changements de posture et que leur tonalité vocale est plus haute que les menteurs non motivés. En d'autres termes, la motivation a, elle aussi, une influence sur l'animation générale du sujet. C'est une raison supplémentaire qui pousse l'individu à paraître crédible et honnête, c'est-à-dire calme et souriant. Le menteur motivé s'agite moins que celui qui ne l'est pas ; cependant, il semble s'agiter plus que celui qui a consciencieusement préparé son mensonge.

AU BOUT DU COMPTE... (1)

Vous constatez sans doute avec moi que les résultats des recherches à propos des indices qui pourraient, selon les circonstances ou la personnalité supposée du présumé menteur, révéler le mensonge sont contradictoires et surtout contextuels. Il faut, par conséquent, que les éléments présents lors de l'interaction mensongère soient parfaitement connus puisqu'un menteur montre des signes qui ne sont pas les mêmes selon les situations. Les données que nous venons de présenter peuvent raisonnablement faire penser qu'une même personne, placée dans des conditions différentes, n'émet pas des comportements identiques. Toutefois, si on ne peut parler aujourd'hui de résultats univoques et formels, il est possible d'avancer un certain nombre d'éléments non négligeables en nous appuyant sur un élan majoritaire.

— Les personnes sociables, bien adaptées, extraverties, peu anxieuses et « bons acteurs » semblent posséder des atouts qui leur permettent de duper plus aisément leurs semblables. Cependant, un individu, d'ordinaire plutôt inhibé, peut très bien apparaître comme très expressif et donner le change quand les circonstances l'exigent, c'est-à-dire donner de lui une apparence honnête, à condition toutefois que la pression ne soit pas trop forte. Dans tous les cas, la pression forte - être observé par plusieurs personnes - laisse peu de chances au menteur et met donc ces deux types de personnalité sur le même plan. Extraverti ou introverti, bon communicateur ou piètre communicateur, il perdra pied dans cette situation. Certes, l'extraverti réussira tout de même à conserver un niveau d'attractivité acceptable (sourires, gestes posés, etc.), mais pas suffisant pour écarter tout soupçon.

— Il est remarquable de noter qu'un individu qui présente beaucoup de comportements semble nerveux et donc suspect mais, dans le même temps, quelqu'un qui se montre guindé, inhibé, paraît suspect également. Limiter ses mouvements tout en ne paraissant pas guindé... la tâche est délicate ! Au travail les menteurs, puisqu'il faut à la fois contrôler avec précision la totalité des mouvements émis, tout en ne paraissant pas guindé pour espérer réussir à duper un auditoire.

— Autre point notable : lorsqu'un menteur prépare son mensonge, il semble qu'il possède deux avantages par rapport à celui qui ment spontanément. Il parvient à contrôler efficacement tous ses comportements et présente de lui une apparence plus honnête que l'honnêteté même, puisqu'il est plus souriant par exemple que la personne qui dit la vérité dans les mêmes circonstances.

— Lorsque l'on pose des questions à un menteur, ce dernier ne risque de se trahir qu'à condition que l'interrogatoire soit serré, un peu à la manière de ce que l'on voit fréquemment au cinéma lors des enquêtes policières. Si cette pression n'est pas très forte et que le menteur n'est interrogé que par une personne, il aura tendance à émettre plus de pauses verbales, à parler moins, à faire des phrases plus courtes, à avoir moins de contacts oculaires avec son interlocuteur et à produire plus de hochements de tête en signe d'assentiment.

— Enfin, lorsqu'une personne est motivée à réussir son mensonge, elle présente moins de mouvements de toute sorte qu'une personne qui n'est pas motivée. Cette inhibition des comportements joue la plupart du temps en faveur de l'individu qui se comporte ainsi, à condition, toutefois, que cette inhibition ne se transforme pas en une attitude trop guindée.

Les effets des caractéristiques du menteur et du contexte sur les comportements

Caractéristiques de l'émetteur	HOMME FEMME	ÂGE	MACHIAVÉLIQUE* + MACHIAVÉLIQUE –	MOTIVÉ* + MOTIVÉ –	INTROVERTI EXTRAVERTI
Principaux effets du mensonge	*Homme* : Les hommes présentent plus de manipulateurs faciaux, et encore plus s'il s'agit d'hommes identifiés comme de « piètres communicateurs ». *Femme* : Les femmes présentent plus de sourires et rient plus fréquemment.	*Âge ≈ 3 ans* Inhibition de certains comportements. *Âge ≈ 9 ans* Inhibition de certains comportements et fabrication de « faux » comportements.	*Machiavélique* + : Les sujets machiavéliques présentent plus d'adaptateurs corporels et plus longs. De manière réflexive, ils se sentent à l'aise quand ils mentent, trouvent l'exercice facile, ressentent peu ou pas de culpabilité. Pour eux le mensonge est un des moyens de parvenir à leurs fins.	*Motivé* + : Apparition de comportements différents par rapport aux non-motivés et comportements qui vont dans le sens d'une diminution de l'animation générale. *Comportements en* ↓ : – clignements d'yeux – mouvements de tête – manipulateurs – changements de posture Tonalité de la voix plus haute. *Motivé* — : Animation générale beaucoup plus grande	*Extraverti* : Avantage des extravertis qui sont aussi souvent de « bons acteurs » et possèdent une bonne capacité à convoyer l'expression émotionnelle souhaitée. Pas de comportements « nerveux » et donc stéréotypiques. *Introverti* : Si l'introversion se traduit par un comportement guindé, il attirera la suspicion. Si elle se traduit par un nombre important de comportements nerveux, l'effet sera le même, ils attireront la suspicion.

* + : fort ; – : faible ; ↓ : en diminution.

Contexte dans lequel se déroule le mensonge	EN PRÉSENCE D'UN ÉTRANGER OU D'UN INTIME	EN PRÉSENCE D'UN EXPERT OU D'UN NON-EXPERT	MENSONGE PRÉPARÉ MENSONGE SPONTANÉ	QUESTIONNEMENT ABSENCE DE QUESTIONNEMENT
Principaux effets sur le mensonge	*Intime* : Moins de comportements en nature et en moins grand nombre → plus grand contrôle exercé sur tous les comportements. *Étranger* : Animation générale plus grande.	*Expert* : Plus de regards, même brefs, vers l'interlocuteur « expert ». Attitude qui contrecarre efficacement l'un des stéréotypes du mensonge.	*Préparé* : Avantage du mensonge préparé sur le mensonge spontané. Plus grand contrôle de l'ensemble des comportements, peu de gestes émis et ceux qui sont produits sont plus contrôlés. Plus de rires et de sourires, plus de mouvements affirmatifs de la tête, parlent plus, mettent moins de temps à répondre à une question. Une étude met en évidence des temps de latence plus longs.	*Questionnement* : Effet négatif du questionnement sur le menteur à condition d'être très inquisiteur. Une ou deux questions ne suffisent pas même si celles-ci mettent en doute la parole de l'émetteur. Par exemple, dire au présumé menteur : « Êtes-vous bien en train de me dire la vérité ? » ne suffit pas à le déstabiliser totalement. L'effet d'un questionnement actif est augmenté par la présence de plusieurs personnes (4 ou 5) pendant l'interaction. Effet bénéfique du questionnement, pour le menteur, si celui-ci est « soft ». *Pas de questionnement* : Avantage pour le menteur. Si de plus il est bien préparé, possède une personnalité sociable, extravertie, peu anxieuse, il en tirera encore plus de bénéfices.

* + : fort ; – : faible ; ↓ : en diminution.

L'entraînement à la détection

Maintenant, passons de l'autre côté : qu'en est-il de la cible du mensonge dans tout ça ? Elle aussi a ses propres caractéristiques, sa personnalité. Elle aussi tentera sans doute, lorsqu'elle soupçonnera un mensonge, de poser des questions, ou non. Peut-être préférera-t-elle se taire, écouter et observer ?

Nos recherches nous permettent de mettre au jour les facteurs qui aident ou qui gênent pour détecter correctement un menteur. Les modèles que nous exploitons ne sont pas toujours utilisables dans la vie courante – j'en veux pour exemple celui qui nous renseigne sur la hiérarchie informative des signes non verbaux en fonction des modalités auxquelles on a accès. Toutefois les populations utilisées lors de ces recherches, sujets naïfs et professionnels, donnent un large panorama des capacités des uns et des autres en la matière.

DES INDIVIDUS PLUS DOUÉS QUE D'AUTRES POUR DÉTECTER LE MENSONGE ?

Dans la plupart des cas, lorsque l'on compare les performances d'étudiants avec celles de professionnels, on s'aperçoit que les étudiants ne sont pas moins bons détecteurs que des douaniers par exemple[29], ou des officiers fédéraux[30], ou des officiers de police[31]. Cependant, si le professionnel en question est doté d'un plus (une formation approfondie) comme c'est le cas des services secrets américains, il existe alors une corrélation positive entre l'appartenance à ce groupe et la justesse de détection. La discrimination correcte entre mensonge et vérité est effective dans plus de 80 % des cas[32]. Deux constatations d'ordre général : les membres de ce groupe listent des comportements différents et plus variés que ne le font les autres ; d'autre part, ils mettent davantage l'accent sur le non-verbal même s'ils utilisent aussi le verbal[33]. L'analyse détaillée des signes non verbaux que ces personnes utilisent pour se déterminer laisse apparaître qu'elles observent :

— *En premier lieu,* les indices concernant le discours (réponses trop lentes, trop évasives, les menteurs parlent trop, se contredisent) : 37 % des raisons avancées par les sujets juges pour se déterminer concernent les indices liés au discours.

— *En deuxième lieu,* un indice paraverbal (la voix qui traîne) ajouté à des indices non verbaux (évitement du regard, faux sourires, etc.) : 29 % des raisons avancées par les sujets juges pour se déterminer concernent un indice paraverbal + des indices non verbaux.

— *En dernier lieu,* les indices paraverbaux additionnés aux indices non verbaux représentent 25 % des raisons avancées par les sujets juges pour se déterminer.

Par ailleurs, on remarque qu'il existe une relation entre une identification correcte de la présence de micro-expressions et la justesse de détection. Ces expressions sont de très courte durée, 1/25 de seconde, et ne sont détectées qu'à condition que les observateurs soient particulièrement bien entraînés.

Plutôt que de dispositions « naturelles » pour détecter le mensonge ou l'habileté individuelle, il apparaît donc plus judicieux de parler d'habileté professionnelle plutôt que d'habileté personnelle.

APPRENDRE À OBSERVER

En ce qui nous concerne, les entraînements testés dans nos laboratoires et qui ont montré une efficacité sont ceux qui attirent l'attention du récepteur sur le fait qu'un comportement mensonger est avant tout un comportement qui manque de spontanéité, un comportement délibéré[34], ou ceux au cours desquels le sujet juge apprend à segmenter les séquences comportementales qu'il observe[35].

• Voix, corps, visage : lequel fournit
le plus d'informations ?

On sait que notre visage fait l'objet d'une attention soutenue de la part de nos vis-à-vis. On sait également qu'il est l'objet d'un contrôle strict de la part du menteur. Le visage est le meilleur menteur non verbal et le rôle joué par les indices liés à l'expression du visage dans la détection correcte du mensonge est très faible.

Les canaux : du plus informatif au moins informatif

+	Indices liés à la Voix (fo)*	+	Paroles
	Indices liés à la Parole		Voix
	Corps		Corps
–	Visage**	–	Visage***

* La fo = la fréquence fondamentale : hauteur habituelle de notre voix, modifiée sous le coup d'une émotion (plus aiguë en cas d'émotion négative, plus grave en cas d'émotion positive).
** Cette hiérarchie est la conclusion d'une série de recherches.
*** Ce modèle est proposé par un seul auteur et ses collaborateurs.

Les recherches le confirment, lorsque nous sommes en position de détecteur, les indices qui nous aident le plus dans notre tâche ne proviennent pas de ce canal[36, 37].

Par voie de conséquence, le fait d'isoler des canaux (voix, visage, contenu verbal, etc.) permet de faire accomplir des progrès indéniables à l'observateur qui devient meilleur détecteur lorsqu'on lui demande d'être attentif à un seul de ces canaux[38, 39, 40].

• Écouter, regarder, entendre : quel sens nous donne le plus d'indices ?

Le type d'observation qui permet d'émettre des conclusions à ce sujet n'est possible qu'en laboratoire. Il s'agit en réalité de mesurer l'effet de différentes modalités (audio, visuelle, audiovisuelle, etc.) sur la perception du mensonge. Cette catégorie d'études nécessite donc quelques coups de main de la technologie. Toutefois, vous pouvez vous essayer dans votre salon à cet exercice en coupant le son de la télévision par exemple, pour ne plus que regarder les interviewés parler ou en tournant le dos à votre poste pour ne plus qu'écouter celui qui s'exprime devant les caméras.

Là encore, quelques contradictions persistent. Nous sommes en présence de trois formulations différentes d'une hiérarchie informative des signes non verbaux soumis au détecteur :

— Sous forme auditive : soit le discours est inaudible et le détecteur n'a accès qu'au ton de la voix, soit les paroles sont audibles, et le détecteur a accès à la totalité du contenu verbal, c'est-à-dire au discours de l'émetteur et au ton de sa voix.

— Sous forme visuelle : le détecteur n'a accès qu'aux comportements, il n'entend pas ce que dit l'émetteur.

— Ou enfin, il lit la transcription écrite du discours de l'émetteur.

La hiérarchie informative des signaux non verbaux en fonction de la modalité d'accès

+ Ton de la voix (discours inaudible)	+ Transcription écrite du discours	+ Comportements non verbaux
	Ton de la voix (discours inaudible)	
	Ton de la voix	Contenu verbal (discours audible)
Comportements non verbaux	...	
–	Comportements non verbaux –	–

Ce qui l'emporte dans ces conditions, ce sont les indices provenant de la voix ou du discours sous forme de transcription écrite et les comportements non verbaux dans leur ensemble.

L'ÂGE AIDANT...

Heureusement, avec le temps, ces mécanismes de détection n'ont plus à être actionnés de façon aussi consciente et réfléchie, et si nous mentons mieux et avec plus d'audace et d'aplomb[41] lorsque nous sommes adultes, nous sommes aussi de meilleurs juges, de meilleurs détecteurs que des enfants ou des adolescents[42].

L'expérience due à la pratique des interactions sociales existe, elle s'acquiert et augmente avec le temps. Des personnes plus âgées (70 ans) ont une meilleure connaissance de la nécessité d'un contrôle des comportements non verbaux et des différents comportements en cas de mensonge que des sujets plus jeunes (19 ans). Les premières sont rompues à cet exercice et réussissent à tromper plus facilement le récepteur si celui-ci est un jeune homme ou une jeune fille[43]. Elles sont aussi, à l'inverse, plus habiles à détecter les menteurs, surtout si ceux-ci ne sont pas encore très aguerris.

Sans doute cette meilleure détection est-elle liée également au poids moins fort des stéréotypes associés au mensonge. Avec le temps et l'expérience, la perception des nuances et des subtilités de la vie se fait plus fine. Et on se prend, par exemple, à cesser de considérer qu'un menteur évite le regard de son interlocuteur, émet des pauses importantes ou donne de lui une apparence de grande nervosité[44]...

Frauder à la douane, un vrai défi ?

Une recherche invite des sujets, compères de l'expérimentateur, à simuler une fraude à la douane en adoptant des tenues vestimentaires et des comportements déterminés à l'avance[45]. Les douaniers sont de vrais douaniers et beaucoup de sujets de cette recherche ne seront pas détectés.
L'expérience révèle cependant que les douaniers suspectent en priorité les jeunes gens qui paraissent être de milieux socio-économiques défavorisés. De leur côté, les personnes suspectées, c'est-à-dire soumises à une fouille approfondie, qu'elles soient innocentes ou non, sont extrêmement nerveuses, évitent le plus possible le regard de leurs interlocuteurs, mettent beaucoup de temps pour répondre aux questions qu'on leur pose, ont des discours truffés d'hésitations. Pour le dire autrement, elles présentent tous les comportements stéréotypés et attendus des tricheurs.

C'est dire si, malgré l'acquisition de qualités fines d'observation ou, plus simplement, la maturité de l'expérience, le risque zéro d'être trompé n'existe pas.

LES RISQUES D'ERREUR

Nous l'avons vu, certains aspects propres au menteur ou à des événements contextuels rendent la tricherie plus performante.

Globalement, un menteur moyen tâchera de donner de lui une apparence détendue et souriante quand les circonstances le permettront. Grâce à ce contrôle efficace de ses comportements, il gagnera la première mi-temps du match. La seconde consistera à bluffer le détecteur. Et il n'est pas exclu qu'il y parvienne, loin s'en faut...

• Menteur motivé et détection

Le menteur motivé présente un comportement différent de celui qui l'est moins. Qu'en est-il des chances de l'un et de l'autre d'être confondu ? Le menteur motivé ne semble pas plus performant pour tromper un auditoire selon certains[46, 47, 48, 49]. Les récepteurs détectent même mieux les menteurs fortement motivés que ceux faiblement motivés. Précisons, toutefois, que dans ces études les menteurs présentent un nombre très important de comportements non verbaux, ce que l'on peut rapprocher d'une faible motivation et non d'une motivation puissante. Cet état de fait peut se traduire par « en faire trop » et nous savons que cette attitude est susceptible d'attirer la suspicion et par conséquent une détection juste. Si ces menteurs s'étaient comportés avec plus de réserve – ce qui semble le cas général des menteurs fortement motivés à réussir leurs tricheries dans la vie courante –, ils n'auraient sans doute pas été détectés.

• Questionner le menteur pour mieux le détecter ?

Le fait de voir un menteur répondre aux questions de son interlocuteur peut faire penser que celui-ci risque de commettre plus d'erreurs, d'être mis en porte-à-faux et de se dévoiler plus facilement et donc d'augmenter la justesse de détection. Rappelons-nous que, pour qu'il en soit ainsi, il faut que plusieurs personnes observent avec attention le menteur. Et effectivement le questionnement augmente l'attribution de véracité, que ce soit pour les sujets réellement de bonne foi ou pour les menteurs. Ces derniers sont perçus comme plus sincères à partir du moment où ils répondent aux questions de leur interlocuteur[50, 51], sauf si la pression est forte : dans ce cas le menteur peut raisonnablement penser que ce que ne voit pas l'un, l'autre le verra et même s'il est très bon communicateur, il risque de flancher et d'apparaître très suspect. Dans ce dernier cas, il conservera toutefois un niveau d'attractivité acceptable, c'est-à-dire qu'il continuera à donner de lui une apparence comportementale agréable à regarder.

• Les machiavéliques plus difficiles à détecter ?

Le cliché qui présente les personnes manipulatrices comme plus aptes à tromper un auditoire est en partie exact. Les sujets machiavéliques sont des menteurs plus efficaces, plus convaincants. Ils parviennent à mieux tromper des juges[52]. Non seulement ils sont perçus comme disant la vérité, tandis que les faiblement machiavéliques ne trompent pas le récepteur, mais ils sont d'une manière générale plus difficiles à détecter, car ils présentent un nombre moins important de signes qui peuvent révéler un mensonge. Les sujets faiblement machiavéliques, eux, sont correctement distingués lorsqu'ils mentent et lorsqu'ils disent la vérité. Ils sont transparents en quelque sorte puisqu'ils ne trompent personne, quelles que soient leurs intentions.

• Nervosité du menteur et détection

Nous l'avons dit à de nombreuses reprises, l'apparente nervosité d'une personne fait d'elle un sujet de choix lorsque la duperie est soupçonnée. Qu'on soit menteur ou de bonne foi, on est suspect à partir du moment où on montre une grande nervosité[53]. Cette nervosité se traduit par une agitation corporelle générale importante, des regards hésitants et des pauses importantes dans le discours. Or ces attitudes corporelles et paralinguistiques sont associées, de façon stéréotypique, au mensonge, alors que rien dans l'étude des comportements objectifs du mensonge ne permet de dire que le falsificateur est quelqu'un qui présente un nombre très important de comportements de toute sorte. Il semble d'ailleurs que ce soit plutôt le contraire : un menteur motivé, qui a préparé son mensonge et pour qui la réussite de la duperie est importante, aura tendance à inhiber pas mal de comportements et à tout faire pour se donner une apparence calme, souriante et détendue.

• Préparation du mensonge et détection

Le menteur qui prépare son mensonge avant de le proférer atteint une maîtrise relative de ses comportements. Il présente une image de lui sereine et bénéficie de la grande liberté de mouvements propre aux gens sincères, ce qui n'est plus le cas lorsqu'il est surpris par une question inopinée. Là, il y a un affolement de l'émetteur, mais un affolement qui ne dure souvent que quelques fractions de seconde. Et dont les conséquences comportementales ne seront perceptibles que lors d'une étude image par image. Par conséquent, une personne qui a eu l'occasion de préparer son mensonge sera moins bien détectée par un observateur naïf [54, 55].

Cependant, des chercheurs se disent : puisque nos menteurs préparés sont efficaces, qu'ils parviennent à gérer très correctement leurs comportements non verbaux au point de duper la majorité des juges, intéressons-nous à ce qu'ils disent et soumettons-le – en dehors de toute influence du comportement visible du menteur – à nos sujets juges sous forme de transcription écrite du discours des tricheurs ; dans ce cas, les mensonges préparés perdent toute leur efficacité[56].

AU BOUT DU COMPTE... (2)

Une nouvelle fois, essayons de récapituler en nous plaçant du point de vue de la cible.

— En premier lieu, il n'existe pas de dispositions « naturelles » à être bon détecteur de mensonge. Les individus particulièrement performants sont des professionnels formés et entraînés. Ils connaissent en détail tout ce qu'il faut savoir à propos du mensonge. En particulier, ils sont capables de repérer la présence d'expressions extrêmement fugitives dans le comportement de la personne qu'ils observent. En outre, ils regardent chaque individu sans appliquer une sorte de protocole standard de l'observation. Tantôt ils se fieront aux indicateurs non verbaux pour se déterminer, tantôt aux indicateurs paraverbaux. Ils peuvent même ne se fier qu'à un indicateur et ils confirmeront leurs diagnostic avec quelques indices complémentaires, la personnalité du menteur et la situation orienteront leur façon de procéder.

— L'entraînement à la détection est efficace à condition d'attirer l'attention de l'apprenti détecteur sur un des aspects du comportement mensonger, le manque de spontanéité par exemple, ou il peut lui apprendre à segmenter des séquences comportementales afin de les observer avec plus d'acuité.

Le fait d'être attentif à un seul comportement, la tonalité de la voix entre autres, aide le détecteur dans sa tâche.

— L'âge est, en outre, un avantage lorsqu'il s'agit de détecter avec exactitude des menteurs, l'expérience acquise lors d'une multitude d'interactions permet de se faire une opinion plus élaborée.

— La motivation ne semble pas affecter les chances de réussite du menteur. Cependant cette remarque n'est valable que lorsque l'émetteur présente en grand nombre des comportements non verbaux de toute sorte. Si le menteur fait preuve de beaucoup de sobriété dans son allure générale, il sera peu, voire pas détecté.

— Le fait de questionner un supposé menteur fera apparaître ce dernier comme de plus en plus authentique. Cette attribution de véracité s'éteindra sitôt que l'émetteur sera observé, pendant qu'il est interrogé, par plusieurs personnes.

— Les individus machiavéliques sont plus aptes que les autres à duper un auditoire ; cependant, ils présentent des différences comportementales avec les personnes de bonne foi, même si celles-ci sont en très petit nombre, voire uniques.

— Les stéréotypes affectent de manière négative le jugement. Par exemple l'apparence nerveuse d'un individu sera toujours associée à une volonté de sa part de nous duper, ce qui est loin d'être systématique.

— Un menteur qui arrive préparé avant l'interaction sera plus efficace que quelqu'un qui répond spontanément aux questions d'un interlocuteur.

Les effets des caractéristiques de la cible et du contexte sur la détection

Caractéristiques de la cible	ÂGE	STÉRÉOTYPES	ENTRAÎNEMENT	*CE QUE LA CIBLE* OBSERVE	CANAL*	MODALITÉ
Principaux effets	Plus la cible avance en âge, meilleures sont ses chances de détection correcte du mensonge	L'abondance et l'emprise des stéréotypes ont une influence fortement négative sur la détection correcte du mensonge	Lorsque l'entraînement consiste – à focaliser son attention sur un canal (la voix par exemple) – à apprendre à segmenter les comportements de l'émetteur – à attirer l'attention de la cible sur le fait qu'un comportement mensonger est un comportement qui manque de spontanéité, la détection correcte du mensonge s'en voit améliorée		+ ↓ • Voix • Indices paraverbaux • Indices corporels • Expressions du visage (sauf micro-expressions) –	+ ↓ • Transcription (du discours du sujet) • Audio seule (ton de la voix) • Audio + vidéo (accès à tous les indicateurs) –

* Du plus efficace au moins efficace.

Contexte dans lequel la cible est placée	MENTEUR MOTIVÉ	QUESTIONNEMENT DU MENTEUR	MENTEUR MACHIAVÉLIQUE	PERSONNE NERVEUSE	MENTEUR PRÉPARÉ
Principaux effets sur la détection	Les menteurs motivés sont mieux détectés que les faiblement motivés lorsque les premiers présentent un grand nombre de comportements. Si ce n'est pas le cas, la motivation donne l'avantage au menteur	Le questionnement augmente l'attribution de véracité : plus un menteur répond à des questions, plus il donne de lui une apparence honnête. À condition toutefois que ces questions ne soient pas trop pressantes et que le menteur ne soit en présence que d'une ou deux personnes	Les menteurs machiavéliques sont moins bien détectés que les autres	Une personne de bonne foi qui montre des signes de grande nervosité est perçue comme malhonnête au même titre qu'un menteur	Un menteur préparé est peu, voire pas détecté Cependant si l'on fournit à la cible la transcription écrite de son discours, il sera plus facilement détecté

Chapitre IV

LES SECRETS D'UNE MANIPULATION RÉUSSIE

« La vérité est devenue un des moments du mensonge. »

Guy DEBORD, *La Sincérité du mensonge.*

Nous nous laissons de bonne grâce ensorceler par les mystifications de nos enfants, de nos amis, de nos conjoints ou par celles des acteurs. Nous donnons notre accord tacite pour que ces fables mettent en scène notre vie. Nous acceptons le « jeu » de celui qui ne veut que notre bien, nous faire rêver, en pénétrant l'univers qu'il a mis tout son talent à créer. Nous acceptons aussi de bonne grâce de « croire » les fables de ceux qui souffrent, participant ainsi à notre manière à rendre leur vie moins cruelle. Ces « manipulations de nos représentations[1] », ces images qui créent notre univers et l'adoucissent souvent, sont indispensables à une vie sociale et familiale harmonieuse.

Il existe cependant des tricheries qui, si nous ne les décelons pas, nous mènent vers de graves déconvenues financières, sentimentales ou de toute autre nature, propres à nous empoisonner l'existence. Les petites manipulations que nous venons d'évoquer et auxquelles nous nous prêtons sont sans conséquences négatives, elles n'offrent que des avantages. Les manipulations qui ont pour objectif d'obtenir de nous des comportements que nous n'aurions pas adoptés spontanément sont plus problématiques. Certaines d'entre elles, si elles ne nous font pas de bien, ne nous font pas de mal. D'autres, par contre, nous engagent dans des processus où notre budget est en cause, nos choix, voire l'image de nous-mêmes ou encore notre intégrité.

Obéissance et soumission

Il est des moyens de persuader l'autre, avec pour objectif de le convaincre ou de le faire changer d'attitude. La psychologie de la persuasion[2] a mis en évidence ces moyens de manipuler autrui, que certains utilisent en toute connaissance de cause. À l'origine de tout cela, il y a notre capacité « automatique » à nous soumettre à ce que dit une autorité compétente (« il s'y connaît dans son domaine... »), crédible (« il est honnête, il ne cherche pas à me vendre le produit le plus cher... et comme il semble très compétent, je peux lui faire confiance... ») et surtout sympathique (« il a une bonne bouille, il est souriant et il me fait penser à mon frère[3]... »).

Si une personne désire vous voir faire une chose que vous n'auriez pas faite de vous-même (vous engager à acheter un livre par mois dans un club très privé), ou pour laquelle votre conviction est molle (changer un aspirateur qui vieillit mais qui fonctionne encore bien), ou que vous n'auriez pas faite du tout (dire du bien d'un parti politique dont vous pensez le plus grand mal), elle tentera d'utiliser un certain nombre d'arguments (verbaux et non verbaux) pour vous convaincre, pour obtenir de vous ce comportement. On le sait maintenant depuis quelque trente ans.

À cette époque, en effet, aux États-Unis, un chercheur en psychologie sociale – Milgram – met au point une recherche passionnante, aux résultats stupéfiants[4]. Il s'intéresse aux phénomènes de l'influence sociale et désire mieux connaître les éléments qui la fondent : comment réussissons-nous à influencer autrui et comment nous laissons-nous influencer ? Plus précisément, l'obéissance qui passe pour une vertu peut-elle devenir dans certaines circonstances problématique[5] ?

Nous acceptons tous de nous soumettre à un ordre, si ignoble soit-il !

Les personnes qui ont bien voulu participer à l'expérience arrivent par deux au laboratoire où un tirage au sort est effectué pour décider qui fait l'« élève » et qui fait le « professeur ». L'élève a pour mission d'apprendre des couples de mots ; une fois l'apprentissage terminé, le professeur l'interroge et il doit associer correctement les couples de mots appris (par exemple, abeille = miel). Évidemment, le tirage au sort est truqué : le sujet expérimental est systématiquement le « professeur » et l'« élève » est un compère du chercheur.
Le chercheur indique au professeur que, chaque fois que l'élève commettra une faute de rappel, il doit lui administrer une décharge électrique et le faire recommencer jusqu'à ce qu'il fasse la bonne association de mots. Les décharges sont échelonnées de 15 à 450 volts, trente manettes sont à la disposition du professeur. Sous chacune d'entre elles est noté « choc léger », « choc modéré », etc. jusqu'à... « attention ! choc dangereux ».
Cette expérience montre que 62 % des personnes acceptent d'administrer des chocs électriques mortels, et ce malgré les plaintes et les suppliques de l'élève. Rassurez-vous : il n'y a évidemment pas d'électricité dans le dispositif et l'élève est un comédien[6].

Les résultats de cette recherche furent très contestés, et peut-être vous-même à cet instant pensez-vous : « Moi... à la place du professeur... je n'aurais jamais envoyé de décharges électriques... » Pourtant les nombreuses réplications effectuées sont toutes parvenues aux mêmes conclusions. Les préoccupations de Milgram concernaient les bases psychologiques du nazisme[7]. Évidemment l'impact et les répercussions d'une telle étude furent considérables[8]. Un simple ordre de l'homme en blouse blanche, les vêtements étant le symbole de l'autorité, suffisait donc à faire obéir un brave citoyen dépourvu de tout sadisme, ce qui témoignait de la « docilité presque sans limites manifestée par des individus adultes vis-à-vis d'une figure d'autorité[9] ».

Reste que cette soumission à l'autorité, si dangereuse parfois, a aussi des avantages, ce qui peut expliquer son succès relatif. Elle est, par ailleurs, fortement ancrée dans toutes les cultures, ce qui en renforce encore l'importance...

Les moyens de nous manipuler

Lorsque les spectaculaires résultats obtenus par Milgram furent mis au jour, l'influence que peut exercer une autorité sur autrui était loin d'être une inconnue pour la psychologie sociale, il s'agissait même d'un de ses fondements. Cependant, à la suite de conclusions d'une telle ampleur, s'ensuivirent une multitude de nouvelles expérimentations susceptibles de décortiquer encore mieux les phénomènes impliqués dans la docilité passive dont nous sommes capables de faire preuve[10]. Et la psychologie de la persuasion put alors constater qu'il est relativement aisé

ORIGINES ET AVANTAGES DE LA SOUMISSION

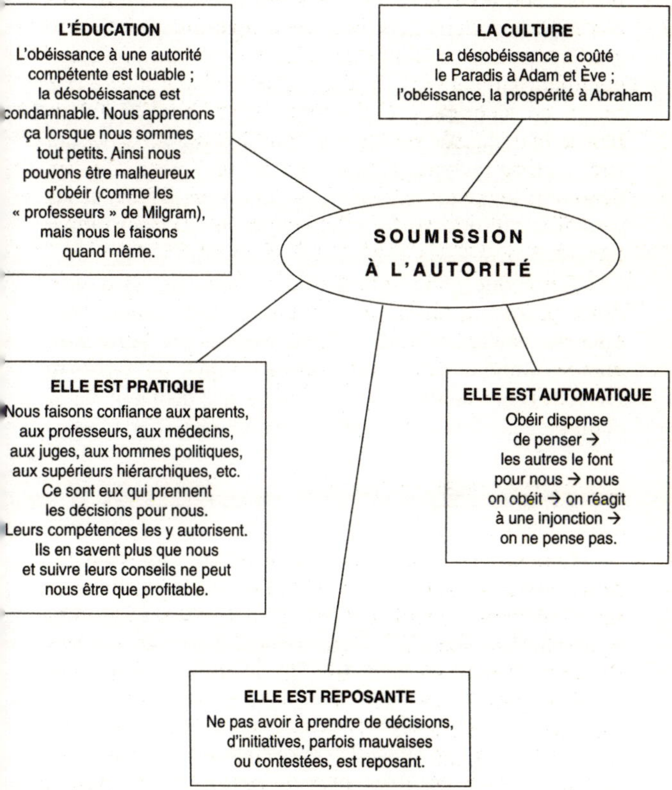

de nous extorquer des comportements que nous n'aurions pas adoptés sans la pression d'un autre.

COMMENT NOUS PERSUADER ?

Convaincre une personne de se laisser tenter par un acte auquel elle n'aurait pas pensé (achat, prise de position, opinion, etc.) sera chose aisée si l'émetteur semble digne de confiance, expert dans son domaine, bien informé et sincère. L'émetteur doit convaincre autrui de sa bonne foi, de sa sincérité et de son honnêteté – ce qui incitera la cible du message persuasif à suivre les avis ou les conseils de l'émetteur persuasif. Sa tâche sera facilitée s'il possède un pouvoir attractif, c'est-à-dire s'il est sympathique, attirant et s'il parvient à faire en sorte que l'autre s'identifie à lui d'une manière quelconque. Par exemple, lorsqu'un vendeur s'adresse à des personnes âgées, s'il réussit à leur faire admettre qu'il se comporte avec elles comme s'il était leur propre fils, qu'il agit « à la manière de... », la partie est presque gagnée.

ÊTRE CRÉDIBLE, C'EST FAIRE BONNE IMPRESSION

En matière de manipulation, notre pire ennemi, c'est nous. L'image que nous produisons fournit aux autres une base à partir de laquelle, sans nous connaître, ils associeront des traits de personnalité. Certains seront exacts et d'autres de pures fictions, le tout prenant appui sur notre allure générale. Toutes et tous nous produisons un effet immédiat et déclic sur les personnes qui nous observent et l'une des conséquences de cet effet consiste à nous accorder plus ou moins de crédibilité. C'est ce que la psychologie sociale appelle la formation

Communication persuasive : les ingrédients de la réussite

Le schéma traditionnel de la communication est le suivant : il faut *a minima* un émetteur → un message → une cible. Mais pour que la communication devienne persuasive, l'émetteur doit manipuler avec talent un certain nombre d'ingrédients :
— Le concernant : il doit apparaître crédible et attrayant et ne surtout pas mettre en avant son désir de nous persuader.
— Concernant le message : il doit faire en sorte que celui-ci contienne les éléments attestant sa compétence.
— Concernant la cible : il doit repérer chez elle les éléments de sa personnalité ou qui fondent sa vie sur lesquels s'appuyer pour se rendre encore plus sympathique et attrayant à ses yeux.

d'impression. Certaines personnes nous feront supposer qu'elles sont honnêtes, d'autres non... Comme ça, rien qu'à les voir... Les hommes publics, conseillés en cela par leurs responsables en communication, ont une bonne expérience de ces phénomènes. Nombre d'entre eux, à force de cours et de travail, parviennent à supprimer certains de leurs comportements dont on sait qu'ils ne sont pas appréciés parce qu'ils sont associés à des traits de personnalité peu enviables. Des manières tranchantes de parler et des gestes qui ne le sont pas moins disparaîtront, puisqu'ils donnent de la personne qui les utilise une image négative, peu attirante, peu sympathique, peu chaleureuse.

Nous ne sommes pas tous égaux face à l'impression que nous donnons. Il est des personnalités qui obtiennent plus facilement les grâces de leurs congénères parce qu'elles provoquent une impression immédiate de sincérité et d'honnêteté. À l'inverse, d'autres ont moins de chance, leur seule apparition laissera supposer qu'ils sont plus malhonnêtes, moins crédibles. Les premiers – ceux à qui l'on donnerait le bon Dieu sans confession – sont des personnes très expressives, de bons communicateurs. Possédant ce sens aigu, celui de la communication, ils arborent le sourire facilement et ont le regard qui ne se dérobe pas. L'ensemble de leurs gestes arrive fort à propos, ils donnent l'impression d'être partout où ils sont comme des poissons dans l'eau, leurs comportements verbaux et non verbaux sont fluides et ils « coulent » comme le lit d'une rivière paisible. Leur spontanéité explique l'impression d'honnêteté qu'ils produisent. Les seconds, ceux qui ont une tête de tricheur, sont les introvertis et les anxieux. Cette impression de moindre crédibilité vient des effets de leur anxiété. Ils sont plus tendus, plus nerveux, plus craintifs et participent moins aux conversations. Lorsqu'on leur adresse la parole, leur extrême timidité leur fait souvent baisser la tête, leurs réponses sont concises, rapides et la tonalité de leur voix est faible, mal assurée.

La vie est terriblement injuste !

Alors que les introvertis apparaissent moins crédibles, malhonnêtes, peu dignes de confiance, ils mentent moins et commettent moins de crimes que les extravertis[11] ! Pire, la vie est doublement injuste ! Les anxieux sont beaucoup moins résolus que les non-anxieux quand ils mentent. Ils avouent leurs mensonges beaucoup plus vite et plus facilement[12].

Pendant ce temps, les très expressifs gagnent sur le terrain de la crédibilité lorsqu'ils mentent. À l'inverse de leur comportement habituel, ils émettent peu de mouvements lorsqu'ils tentent de duper les autres. Cette sobriété, cette circonspection augmente l'impression de crédibilité qu'ils produisent. Et c'est assez efficace lorsqu'ils se savent soupçonnés de tricherie : une telle attitude balaie en quelques fractions de seconde la méfiance de la plupart de leurs interlocuteurs.

L'art cinématographique utilise abondamment toutes ces caractéristiques, il est des gens qui n'interprètent que des rôles de salauds, ils le doivent à cette fameuse impression qu'ils produisent d'emblée. Du reste, comme le souligne un de nos acteurs, « jouer des rôles de salaud n'est pas compatible avec le vedettariat (...). Erich von Stroheim n'était pas très aimé du grand public[13] (...) ». À l'inverse, des acteurs ou des personnages publics qui sont dans la vie courante d'ignobles individus produisent immédiatement à l'écran une impression de bonhomie, ils attirent spontanément la sympathie, la confiance et le sourire...

ÊTRE CRÉDIBLE, C'EST AUSSI APPARAÎTRE COMPÉTENT DANS SON DOMAINE

La première impression qu'il donne de lui n'est pas la seule caractéristique qui rende l'individu plus ou moins crédible aux yeux des autres, mais elle est déterminante.

L'attribution de compétence permet ensuite de confirmer auprès des autres la première impression favorable qu'il a donnée de lui-même. C'est le deuxième atout qui aidera le manipulateur à parvenir à ses fins.

Êtes-vous digne de confiance *a priori* ?

Si vous désirez connaître votre potentiel et savoir si vous êtes capable de produire une impression de crédibilité auprès des autres, il existe une manière simple de le tester.
Puisque les personnes qui s'expriment facilement à travers leurs expressions faciales et qui, en particulier, expriment correctement les émotions de base sont jugées plus sincères que celles pour qui l'exercice est difficile, voire impossible[14], il vous suffit de jouer au jeu des émotions sur le modèle du jeu des métiers que nous avons tous pratiqué abondamment dans notre enfance : « Quelle émotion j'exprime[15] ? » Vous mesurerez ainsi votre capacité à exprimer correctement chacune des émotions. Celui qui passe brillamment le test est sûr d'offrir une image plus crédible que celui qui échoue. Quant à ceux qui sont entre les deux, ils n'ont plus qu'à s'entraîner !

S'il parvient à faire en sorte que ses interlocuteurs soient persuadés qu'il est un « vrai compétent » comme on dit dans le Midi, le manipulateur aura gagné une seconde manche de la partie. Cette attribution de compétence est comme son nom l'indique attribuée, reconnue par autrui. Elle se fonde, bien entendu, sur ce que dira l'émetteur et sur la façon dont il le dira. La conviction du récepteur sera d'autant plus forte que l'émetteur sera habile à transformer un savoir superficiel en une démonstration appuyée ne permettant pas le débat.

Dans l'expérience de Stanley Milgram décrite plus haut et connue sous le nom de « soumission à l'autorité », les sujets, on l'a vu, ont, dans leur grande majorité, fait confiance à cette autorité sans se poser de questions sur le bien-fondé de l'expérience proposée, sur la sincérité du chercheur et sur l'utilité de telles recherches. Leur confiance aveugle en une personne qui représentait un corps compétent dans son domaine fut sans faille. Or on peut penser que « les autorités, même les mieux informées, peuvent ne pas présenter la réalité de façon parfaitement honnête[16] ». À chacun de ne pas prendre pour argent comptant ce qui est dit sous couvert d'une autorité, d'une compétence apparente...

ÊTRE CRÉDIBLE, C'EST ÊTRE SYMPATHIQUE

C'est la troisième arme utilisée par les manipulateurs pour nous convaincre. Deux types de facteurs nous rendent sympathiques aux yeux des autres, ceux que nous ne maîtrisons pas et ceux que nous pouvons manipuler. Les premiers concernent notre apparence physique.

— *La beauté est un avantage dans les relations sociales*[17] ; est-il besoin de le préciser ? Ce que vous ne savez peut-être pas, c'est que nous y réagissons de manière réflexe. Cette réaction inconsciente entre dans la catégorie de ce que la psychologie sociale appelle « l'effet de halo ». Lorsque nous voyons une personne pour la première fois, une de ses caractéristiques va produire un effet sur nous et dominera notre sentiment général à son égard. Il se trouve que nous attribuons de manière automatique à une personne au physique agréable des qualités telles que l'honnêteté, l'intelligence, la gentillesse, etc. Cela a des effets tout à fait surprenants dans certaines circonstances.

« Beau = Bien »

— Au Canada on a constaté lors d'une élection que les candidats séduisants obtenaient deux fois et demie plus de voix que les candidats qui l'étaient moins. Constatez la popularité toujours vive de John Fitzgerald Kennedy ou de Bill Clinton.
— Dans les tribunaux les femmes belles sont plus souvent acquittées ou obtiennent des peines plus légères que celles qui le sont moins (cela est valable aussi pour une population masculine).
— Les travailleurs sociaux, pourtant habitués à rencontrer toutes sortes de délinquants, ont plus de mal à concevoir qu'une jeune fille jolie puisse être impliquée dans une affaire criminelle.

R. Cialdini, 1984, *op. cit.*

Cependant tout un chacun n'a pas forcément vu les fées de la beauté se pencher sur son berceau. Fort heureusement, un second type de facteurs entre en ligne de compte pour se rendre sympathique. Rassurez-vous, ce sont les plus nombreux et accessibles à chacun d'entre nous puisqu'il s'agit de jouer sur un certain nombre de principes : faire croire à celui qui nous fait face que nous avons des points communs avec lui, le flatter, jouer sur le principe de l'association d'idées, etc.

— *Nous aimons ce qui nous ressemble*[18] *!* Cette ressemblance peut prendre différents aspects, les opinions, le style de personnalité (habillement compris), les choix de vie, etc. S'il vous semble que vous avez des points communs avec une personne, d'emblée, vous la trouverez plus sympathique.

Je fais plus volontiers confiance à qui me ressemble

Des expérimentateurs « déguisés » en étudiants sollicitent un peu d'argent à un autre étudiant, authentique celui-là. Dans un cas, ils sont habillés comme cet étudiant, genre « hippie » (cette expérience est très ancienne). Dans le second cas, ils sont habillés classiquement. Quand la panoplie vestimentaire correspond à celle des interlocuteurs choisis, 70 % des étudiants acceptent de donner un peu de monnaie à notre faux étudiant. Dans le cas contraire, seuls 40 % le font volontiers.
Les expérimentateurs renouvellent l'opération, mais en se faisant passer, cette fois, pour des pacifistes récoltant des signatures. Lorsqu'ils s'adressent à des étudiants habillés comme eux, le taux d'acceptation se révèle identique à celui de l'étude précédente et les signataires ne lisent même pas ce qu'ils approuvent !

— *Le flatteur vit aux dépens de celui qui l'écoute*, nous le savions, mais la psychologie sociale l'atteste[19]. Même si nous sommes conscients que les compliments assénés ne sont pas tout à fait sincères, nous aimons le bien que l'on dit de nous et nous aimons les personnes qui le disent ! Là aussi, nous réagissons de manière automatique.

Toutefois n'émettre que des compliments à l'égard d'une personne n'est pas la formule idéale. Assembler des commentaires négatifs et positifs est mieux. Et le secret de la réussite n'est pas dans la combinaison des deux, mais dans la succession, dans le bon ordre, de ces commentaires : en premier lieu, émettez quelques critiques à l'égard d'une personne (nul n'est parfait, tout le monde sait cela), puis passez aux louanges et vous obtiendrez dans l'instant tout ce que vous voulez du flatté !

J'aime qui me flatte, que le compliment soit sincère ou non

Des sujets hommes reçoivent des compliments de la part d'une personne qui a quelque chose à leur demander.
• La personne qui ne sert que des louanges est la plus appréciée par les sujets.
• Les sujets sont pleinement conscients que le flatteur a tout intérêt à se rendre sympathique.
• Les compliments, fondés ou non, ont le même effet. Le fait de savoir que les louanges ne sont pas sincères est sans conséquence. Les sujets trouvent quand même la personne qui les a flattés plus sympathique.

— *Nous aimons ce qui nous est familier !* Notre attitude envers un objet ou une personne est fonction du nombre de fois où nous lui aurons été exposés. Nos choix sont régis, entre autres, parce que nous finissons par trouver plaisants une personne ou un objet qui font partie de notre quotidien.

C'est parce que j'entends souvent une chanson que je la préfère

Des sujets étudiants sont occupés à des tâches très absorbantes. Pendant ce temps sont diffusées un certain nombre de mélodies. Une fois la tâche terminée, les sujets sont incapables de reconnaître les mélodies qu'on leur propose au milieu desquelles sont glissées celles qui étaient diffusées pendant l'expérience. Par contre, ils apprécient plus positivement les mélodies qu'ils ont entendues pendant l'expérience que les autres.

Poussé à son paroxysme, ce principe est utilisé sous forme d'images ou de sons subliminaux et nous savons qu'il fonctionne aussi fort bien exploité de cette manière[20, 21].

— *La coopération est toujours favorable au manipulateur*[22]. À ce sujet, un exemple, peut-être un peu caricatural mais qui fonctionne très bien dans les commissariats de police, celui du « bon, de la brute et du truand ». La répartition des tâches - un policier gentil, un policier méchant - permet souvent au gentil d'obtenir des aveux dans la mesure où il se présente comme un allié du délinquant, quelqu'un qui est sensible à son problème et qui cherche à l'aider au maximum. Pratiquant le donnant-donnant, le gentil policier obtiendra, si ce n'est des aveux complets, le commencement de révélations attendues.

— *Une manipulation réussie passe par l'association.* Dans la Perse antique, le sort du messager était plus qu'aléatoire. S'il annonçait une bonne nouvelle, il était fêté comme un prince ; s'il annonçait une mauvaise nouvelle, il était exécuté sommairement[23]. « La nature de la nouvelle infecte le messager », disait Shakespeare. De fait, nous n'aimons pas ceux qui sont porteurs de mauvaises nouvelles, ce sont « des oiseaux de mauvais augure » et nous les associons à ce qu'ils disent. Les présentateurs météo le savent bien, eux qui sont liés au temps qu'il fait et rendus responsables quand il pleut ! Voilà pourquoi nous prenons moult précautions avant d'annoncer des choses difficiles et tentons souvent de les contrebalancer par des annonces plus douces. « J'ai deux choses à t'apprendre, une bonne nouvelle et une mauvaise, par laquelle veux-tu que je commence ? » est une formule que nous utilisons tous fréquemment, non ?

Apprendre une bonne ou une mauvaise nouvelle : méthode

Des étudiants sont chargés d'attendre un autre étudiant à qui ils doivent annoncer une bonne nouvelle dans la moitié des cas et une mauvaise dans l'autre moitié.
Nouvelle positive : « Il y a eu un coup de téléphone pour toi ; *C'est une bonne nouvelle !* Va voir l'expérimentateur. »
Nouvelle négative : « Il y a eu un coup de téléphone pour toi (*silence*). Va voir l'expérimentateur. »
Ces étudiants ont bien appris que, pour être aimé, il faut être associé aux bonnes nouvelles et dissocié des mauvaises[24].

Bien sûr, les associations que nous faisons ne sont pas toutes négatives, il en existe de nombreuses positives et qui nous sont soumises quotidiennement, en particulier dans la publicité.

Ce sont les femmes qui rendent les voitures rapides

Des hommes qui voient la photo d'une voiture avec une séduisante jeune femme estiment la voiture plus rapide, plus belle, plus luxueuse, plus intéressante que des hommes ayant vu la photo de cette voiture sans qu'il y ait de séduisante jeune femme. Interrogés ultérieurement, les sujets ayant participé à l'expérience refusèrent pourtant de croire à l'influence de la séduisante jeune femme sur leurs jugements[25]...

Ce même principe des associations positives est également celui qui préside à de nombreux repas et autres collations. Lorsqu'un groupe, ou une personne, a l'intention de faire appel à votre générosité, il le fera toujours après vous avoir servi un repas et non avant...

« La technique du déjeuner »

Les individus s'attachent aux personnes et aux choses qui les entourent lorsqu'ils mangent. La preuve : des personnes qui se voient présenter un certain nombre d'opinions pour lesquelles elles ont donné leur avis avant un repas approuveront encore plus ces opinions pendant le repas...

Parmi les nombreuses réponses provoquées par la nourriture, l'une d'elles est le sentiment de bien-être et cette réaction normale peut être transférée à autre chose, par le processus simple d'association[26]. Combien de contrats et d'accords importants sont conclus à l'issue d'un bon repas !

Les associations positives sont abondamment utilisées par les publicitaires, les vendeurs mais également par les hommes publics. Être régulièrement aperçu en compagnie de célébrités procure des voix supplémentaires à tout homme politique. Dans ces conditions vous imaginez l'influence, favorable pour l'annonceur, de nos vedettes lorsqu'elles font de la pub. Lorsqu'un de nos célèbres acteurs vante la qualité des pâtes Tartemolle et que nous savons et constatons qu'il s'agit d'un gourmet/gourmand, il est clair que cette association positive aura une influence sur nos achats. Si nos footballeurs, bénéficiant d'une aura importante après avoir gagné la coupe la plus prestigieuse du monde dans leur discipline, nous disent que manger le gâteau Michu est bon pour notre santé, nous les croirons aussi sans doute. Voir le groupe en son entier prendre le petit déjeuner au centre d'entraînement et dévorer avec ivresse ces petits gâteaux nous y incitera encore plus. Un sportif est, par excellence, attentif à la qualité de son alimentation et à sa forme physique, non ?

Les mensonges que nous n'aimons pas

Il est des mensonges qui sont tolérés, très bien supportés, acceptés même, qui font partie du « jeu social », de la norme. Mentir pour se mettre en valeur n'est jugé grave que par une minorité, ainsi que mentir sur son *curriculum vitæ* pour obtenir un emploi, mentir au fisc et même mentir à ses parents sur ses résultats scolaires. L'indulgence dont font preuve les Français sur ces thèmes renvoie sans aucun doute à une absolution attendue de leurs propres petites duperies.

En dehors de ces mensonges ordinaires que nous acceptons de nous-mêmes comme des autres, qu'est-ce qui nous pousse à haïr à ce point certaines contrevérités, à les juger inacceptables ? Sans aucun doute le sentiment désagréable d'avoir été pris pour un idiot, de s'être fait gruger, le sentiment intolérable de la trahison. Ce sont les conséquences du mensonge que nous évaluons alors et qui nous font le qualifier de grave ou non. « Donner » sa confiance et se rendre compte que l'on a eu tort porte atteinte à l'image de soi. En outre, si l'on nous cache quelque chose, c'est que les conséquences de la vérité peuvent être lourdes et qu'user et abuser de notre crédulité permet de nous maintenir dans une ignorance relative, préférable à l'information objective qui déclencherait sans nul doute notre colère immédiate. Une fois les événements passés, nous oublions et tout rentre dans l'ordre... Pas si sûr... « La vérité se fâche à trop attendre » et plus elle éclate tard, plus le sentiment de trahison est ressenti fortement : « Tu te rends compte ! On nous a raconté des c... pendant trente ans ! » Cela explique sans doute l'intérêt toujours vif que nous portons à certaines grandes affaires criminelles. Les émissions télévisées qui leur sont consacrées rassemblent un nombre important de téléspectateurs. Les mystères qui entourent la mort de John Fitzgerald Kennedy ou celle de Marilyn Monroe alimentent encore et toujours la créativité télévisuelle et cinématographique, et chaque date anniversaire est l'occasion de faire un pas de plus vers la vérité. C'est en tout cas ce que nous promettent, en plus de documents « exclusifs », les programmateurs...

MENSONGE ET POLITIQUE

Voilà un des mensonges que nous supportons le moins. Comme le dit un de nos célèbres acteurs, « on nous a menti... c'est d...[27] ». Les Français sont intraitables en ce qui concerne une alliance quelconque entre mensonge et politique, ce sont les sondages qui nous le disent ! Pour la grande majorité d'entre eux, ce lien ne se justifie, dans ce contexte, que pour protéger la vie privée des hommes publics. Cependant que le mensonge est perçu comme une trahison intolérable lorsque nos dirigeants s'y aventurent afin de se faire élire ou de mettre en place des politiques qui ne recueillent pas la faveur des populations. L'occasion de le constater nous en est fournie quotidiennement. Nous voyons comment les Américains et les Anglais, après qu'une partie d'entre eux ont fustigé leurs dirigeants d'avoir choisi de faire la guerre à l'Irak, les accusent désormais d'avoir menti afin de justifier cette intervention militaire et ses conséquences. Les Irakiens auraient possédé un stock considérable d'armes de destruction massive, susceptibles d'être utilisées contre des nations combattant le terrorisme. Les citoyens de ces deux pays traquent le mensonge dans leurs moindres recoins. Six Anglais sur dix pensent que Tony Blair a menti pour justifier la participation de l'Angleterre au conflit irakien[28]. Peu semblent enclins à pardonner des tricheries de la sorte parce qu'elles ont conduit plusieurs milliers de personnes à la mort : « *He lied... They died* » (« Il a menti... Ils sont morts ») disent les opposants américains dans un slogan télévisé qui montre le Président Bush d'un côté et un enchaînement de photos des soldats disparus en Irak de l'autre. S'il s'avère que les dirigeants anglais et américains ont menti et de manière délibérée, ces tricheries apparaissent à elles seules susceptibles de leur coûter leurs postes. Le Premier ministre espagnol a été désavoué et son parti a perdu le pouvoir parce qu'il aurait menti à propos des auteurs des attentats meurtriers de Madrid, le 11 mars 2004. La population espagnole soupçonne le Premier ministre de s'être précipité sur une explication, sans attendre les conclusions de l'enquête, et de l'avoir fait pour que ces attentats n'influencent pas les élections qui avaient lieu quelques jours plus tard.

Mais en politique la vérité peut aussi être une ressource...

Quand la vérité est une arme plus redoutable que le mensonge

Pour se venger d'un diplomate, qui a dénoncé des irrégularités dans la recherche d'armes de destruction massive en Irak, les services de l'État américain font publier dans la presse l'appartenance à la CIA de l'épouse de ce diplomate. Ce qui aurait dû rester caché puisque c'est la règle – un agent secret ne l'est plus si on dévoile son appartenance à ces services spéciaux – est devenu une vérité au service d'une basse besogne, la vengeance.

Et le mensonge un cruel dilemme...

Quand se résoudre au mensonge n'est plus un choix

Il arrive qu'en politique prendre la décision de mentir s'impose, en particulier lorsque avouer la vérité serait sans doute plus dramatique que de la taire.
Les services de renseignement anglais, au cours de la Seconde Guerre mondiale, obtenaient des informations précieuses grâce, entre autres, aux informations fournies par l'officier Schmitt. Ce militaire, nazi déçu, était devenu fort rancunier et choisit le camp des « traîtres ». Il confia aux Anglais le moyen de déchiffrer les codes du système Enigma (système informatique avant l'heure) contenant la totalité des opérations et mouvements mili-

taires prévus par le Reich. Le bombardement de la ville de Coventry en Angleterre faisait partie de ces secrets et fut révélé aux Anglais grâce à la collaboration de l'officier Schmitt. Mais si Churchill faisait évacuer Coventry, il dévoilait aux Allemands qu'il y avait une fuite et qu'elle venait du plus haut niveau, la hiérarchie militaire. C'en aurait été fini de l'aide précieuse de l'officier Schmitt et de la mine de renseignements qu'il représentait. Churchill, placé devant ce cruel dilemme, fut contraint à l'omission. Et le bombardement de Coventry eut lieu : il fit 550 morts, tous des civils.

LES VENDEURS NOUS MENTENT-ILS ?

S'ils ne mentent pas à tout le moins ils manipulent les représentations, les images, les idées que nous nous faisons d'un produit dans le but de nous convaincre de l'acheter. Mais c'est surtout en amont désormais que cette manipulation intervient, dans les messages qui font la publicité de biens de consommation. Nous avons vu comment l'association entre une jeune femme, peu vêtue en général, et une voiture est susceptible d'augmenter les ventes de celle-ci. Un fabricant de produits laitiers fait présenter, dans un spot publicitaire, l'une de ses nouveautés par une nutritionniste en blouse blanche. Évidemment, cette nutritionniste est une comédienne et la blouse blanche est le costume de travail du médecin. Et clic ! Dans votre esprit, le produit en question est recommandé par le corps médical ou, à tout le moins, bon pour la santé...

Un vendeur parle toujours des avantages d'un produit et minimise ses inconvénients. C'est le fondement même de son activité, du reste ! Il gagne quelque chose à nous faire acheter un produit. Ce faisant, il exagère ainsi les qualités d'un objet, puisqu'il ne met en avant que cela. S'il ment, c'est par omission et à condition que le bien de consommation en question présente des défauts majeurs. Dans le cas contraire, il ne fait preuve que d'un peu de manipulation afin de faire pencher notre décision dans un sens positif.

Cependant, lorsque nous ne sommes pas franchement décidés à acheter un objet quelconque et que, en outre, son prix est un peu élevé, le vendeur utilisera certainement un des moyens décrits plus haut afin de nous convaincre. Il tentera d'en faire baisser le coût par exemple, en nous faisant croire qu'à ce prix-là il ne gagne rien ou en usant de tout autre argument pour faire pencher notre décision en faveur d'un achat.

L'ESCROQUERIE

Il existe des escroqueries de toute nature, financières, économiques, affectives, etc. Les exemples sont nombreux : escroquerie aux Assedic, à la Sécurité sociale, aux caisses de retraite, voyance par téléphone, vente de produits très coûteux pour se débarrasser de bestioles qui auraient envahi la charpente de notre maison, falsification des comptes réels d'une entreprise, etc. L'objectif est toujours le même : obtenir de nous quelque chose que nous n'aurions pas donné si nous avions su ce qui nous attendait. Les policiers de la BRAB (Brigade de répression des atteintes aux biens et aux personnes) spécialisés dans les arnaques en tout genre connaissent bien les procédés de ces abus de confiance. Dans les « guides de l'arnaque » que les policiers saisissent chez les malfaiteurs, on y apprend qu'une arnaque se déroule en trois phases : le « rabattage », le « plantage » (deux mois et demi), le « plumage ». La dernière phase consiste à nous vendre un produit quelconque. L'escroc va mettre à profit le temps qui précède notre accord définitif pour peaufiner les techniques de manipulation qu'il connaît bien. S'il se fait prendre il commencera par dire « je vais m'expliquer » et il tentera de continuer à se rendre sympathique auprès des policiers. Il sait que l'habileté dont il a fait preuve pour rouler les gens, doublée d'une apparente bonhomie, suscitera une certaine admiration et, par conséquent, de l'indulgence. Ce qui est fréquemment le cas...

En plus de connaître sur le bout des ongles les moyens psychologiques à utiliser pour extorquer un comportement à quelqu'un, l'escroc possède également toute une panoplie d'accessoires et s'attribue fréquemment des titres qu'il n'a pas. Le titre d'ingénieur, par exemple, est souvent apposé sur une carte de visite, alors que son titulaire n'a jamais obtenu un quelconque diplôme de cette nature.

Les « ingénieurs » sont tous de grande taille

On décrit à des sujets des hommes de différents statuts sociaux. L'individu dépeint est tour à tour étudiant, préparateur, lecteur, assistant, professeur titulaire (ces titres universitaires anglo-saxons vont du moins important au plus important).
À l'arrivée, on constate que le professeur titulaire a 6 cm de plus que l'étudiant : les sujets attribuent un centimètre de plus par grade hiérarchique[29] !

La taille et le statut sont inconsciemment associés. Qui n'a pas été surpris, s'il a pu le constater, que tel ou tel animateur de télévision est beaucoup plus petit qu'on ne le pensait ! Cette association entre une personne et le statut qu'on lui donne est tout aussi valable pour des objets. Les enfants de milieux défavorisés attribuent aux pièces de monnaie des tailles significativement plus grandes que les enfants de milieux favorisés. Les animaux connaissent bien ce phénomène, ils hérissent leur poil pour paraître plus imposants, ils font bouillonner l'eau autour d'eux pour se montrer très en colère et puissants, ils gonflent leurs plumes pour avoir l'air effrayants. L'escroc, lui, a souvent des talonnettes ! Si c'est nécessaire, bien entendu. C'est, d'autre part, très souvent un bel homme ou une belle femme.

Non seulement l'escroc s'attribue des titres qu'il n'a pas, mais il joue de son apparence physique, notamment grâce aux vêtements[30]. Dans sa garde-robe, il y aura des vêtements blancs, noirs, bleus et verts : le blanc médical, le noir ecclésiastique, le bleu police et le vert militaire.

Test : Le costume de l'autorité[31]

Il est difficile de résister à une requête formulée par des personnes ayant revêtu le costume de l'autorité[32] : Milgram nous en a administré la preuve. Voyons maintenant si vous avez suivi. À cette fin, je vous propose un petit jeu.

1. Un expérimentateur demande à des gens dans la rue de ramasser un sac de papier qui traîne par terre. Dans un cas, il est habillé normalement ; dans un deuxième cas, il a revêtu un costume policier, et dans un troisième cas, un costume d'homme d'affaires.

À qui obéira-t-on le plus ?
2. L'expérimentateur enfile les mêmes trois costumes et demande cette fois aux personnes qui s'y trouvent de toutes se mettre d'un côté de l'Abribus.
À qui obéira-t-on le plus ?
3. Le même expérimentateur se déguise cette fois tour à tour en policier et en citoyen ordinaire. Il sollicite un piéton de la manière suivante : « Vous voyez cet homme là-bas, il a besoin d'une pièce de 10 centimes pour son stationnement, donnez-les-lui. » Puis il tourne le dos et s'en va.
À qui obéira-t-on ? Et pour corser un peu l'exercice, quelle proportion (plus ou moins 5) de gens obtempéreront ?
4. Enfin, le même (il ne se lasse pas !), habillé en costume-cravate ou en bleu de travail, franchit un passage clouté alors que le feu est vert pour les voitures.
Dans un cas et dans l'autre, quelle proportion de gens lui emboîteront le pas ?

Réponses : 1) Un nombre plus important de personnes obéissent à l'homme en costume. 2) *Idem*. 3) 92 % des individus donnent une pièce si le solliciteur est en uniforme, 42 % s'il est habillé normalement. 4) Ils sont trois fois plus nombreux à emboîter le pas de l'homme en costume-cravate.

En plus de ces costumes aux couleurs étudiées, les escrocs possèdent la plupart du temps d'autres accessoires comme des bijoux ou de belles voitures parce que ça en jette, comme on dit ! Aux États-Unis, où il y a une véritable histoire d'amour entre la voiture et chaque citoyen de ce pays (c'est le cas également en Italie), on attend significativement plus longtemps pour klaxonner derrière quelqu'un qui ne démarre pas au vert quand il est au volant d'une belle voiture !

Les cibles préférées des escrocs sont bien entendu les personnes fragiles ou fragilisées : personnes âgées, seules, dépressives, etc. Malgré tous leurs talents, ces rois de la manipulation ne peuvent espérer leurs plus grands succès qu'auprès de personnes affaiblies. Toutefois, méfions-nous de ceux qui savent à notre place ce qui est bon pour nous...

Les moyens de nous défendre

Il y a mille manières de susciter notre sympathie en vue de nous persuader et certains de ces procédés agissent à notre insu. Il serait par conséquent vain de tenter d'élaborer des tactiques de parades aussi nombreuses que le sont celles de l'attaque. Le moyen de se défendre est donc relativement simple[33]. Si nous constatons que nous éprouvons de la sympathie pour une personne, plus que ne le requièrent les circonstances, il nous faudra nous concentrer sur la décision à prendre (achats, choix divers...), et non sur la personne qui tente de nous en persuader.

Par exemple, il ne faut jamais perdre de vue que « c'est une voiture que nous allons ramener chez nous et non le vendeur[34] ! », que l'achat d'une habitation est un acte qui engage, etc. Se concentrer sur la décision veut dire peser les avantages, les inconvénients, les risques d'un choix plutôt que d'un autre. D'autre part, maintenant que vous connaissez mieux les moyens utilisés par ceux qui veulent obtenir de vous quelque chose et les failles de votre comportement dans ce domaine, vous devriez regarder d'un œil plus avisé les opérations de manipulation de toutes sortes.

La morale est sauve !

Pour ce qui concerne la politique et ses liens indissociables, pensent certains, au mensonge, là aussi la morale est sauve. Nos démocraties possèdent des garde-fous qui limitent considérablement les abus de toutes sortes. La liberté de la presse est de ceux-là. Télévision, radio, presse écrite dénoncent en permanence des actions ou des façons de faire que le public doit connaître pour se construire une opinion. Les récents événements à propos de l'Irak et du bien-fondé d'une intervention militaire dans ce pays l'attestent. Lorsque les hommes politiques s'aventurent dans la tricherie, la sanction n'est pas loin. Sauf, bien entendu, lorsque le mensonge se justifie et qu'il représente un acte de courage et non la justification à tout prix d'une action qui ne recueille pas l'adhésion et qui ne dit pas pourquoi elle est décidée.

Par ailleurs, et en dehors de tout événement qui nécessite notre vigilance, il est intéressant de noter que la plupart du temps les hommes politiques ne persuadent que ceux qui l'étaient déjà.

Les hommes politiques provoquent des émotions positives chez leurs électeurs

Une étude s'intéresse aux réponses émotionnelles d'un public de téléspectateurs face à des enregistrements vidéo du Président Reagan[35]. Chaque sourire du Président ou chaque expression rassurante de son visage a un effet puissant sur les téléspectateurs qui lui sont favorables. D'autres études, menées à partir des expressions de joie sur le visage d'autres hommes politiques, confirment ce résultat. On observe que chaque expression faciale joyeuse d'un homme politique engendre de la part des personnes appartenant à son électorat une réponse émotionnelle positive, ainsi qu'une attitude globalement plus favorable à son égard[36].

En définitive, on peut admettre que les conseillers en communication des hommes politiques ne commettent pas d'erreurs lorsqu'ils leur suggèrent une forte présence médiatique. Si elle ne convainc pas forcément de nouveaux électeurs, elle renforce l'image et l'opinion déjà positives que les convaincus ont de lui.

Chapitre V

AU SERVICE DE LA VÉRITÉ

« La fin du mensonge (...) est inimaginable car elle suppose la fin de l'Histoire elle-même. »

Pierre MIQUEL,
Les Mensonges de l'histoire.

Alors que j'étais au tout début de mes études doctorales, une ingénieur de recherche avec qui je déjeunais fréquemment me dit : « Mais quelle drôle d'idée d'étudier le mensonge ! Laissez-nous mentir tranquillement ! » Elle entendait par là que, si nos recherches aboutissaient à rendre les comportements des êtres humains trop transparents, ça n'avait aucun intérêt et ne ferait pas beaucoup avancer l'humanité. En effet, centrer nos études sur l'observation de petits mensonges ordinaires bien pratiques et souvent nécessaires ou sur des mensonges d'ordre privé ne nous laissait aucune chance d'obtenir le prix Nobel !

Bien qu'un peu provocatrice, la réflexion de mon amie m'apparut pertinente. Il convenait bien entendu de répondre à cette question : pourquoi étudier le mensonge du point de vue de la psychologie sociale ? Quel intérêt ? Quelle utilité ? Nous étions les seuls et les premiers à le faire en France et, par conséquent, personne n'avait pris le soin de répondre à cette interrogation à notre place. De toute évidence, les liens avec la police et la justice allaient de soi, mais, à l'époque, aucun de nos contacts avec ces institutions n'aboutit. Seule l'armée, grâce à sa Direction de la recherche et des études techniques, s'intéressa de près à ces travaux, entre autres en les finançant. Quoi qu'il en soit, j'avais répondu à la question : étudier le mensonge n'avait d'intérêt qu'à condition de se situer dans une perspective de psychologie appliquée.

La recherche scientifique se divise en trois secteurs : la recherche fondamentale, l'expérimentale et l'appliquée, certains secteurs étant à la fois l'une et l'autre – par exemple la fondamentale peut être aussi expérimentale et l'appliquée également. Je ferai donc de la psychologie expérimentale et appliquée. Mais appliquée à qui et à quoi ? Aux préoccupations de la sphère policière et judiciaire en premier lieu, c'était une évidence ! Je pouvais par conséquent me mettre au travail sereinement puisque, désormais, je savais pour quoi je travaillais. Il fallut attendre la fin de mes études doctorales pour qu'une collaboration – universitaire – s'engage sur le terrain de l'application et qu'elle conclue mes quelques années d'études doctorales.

Le témoignage oculaire

Le rapprochement psychologie du mensonge et psychologie judiciaire s'est établi en premier lieu autour du témoignage oculaire.

Sous l'impulsion de Jean-Léon Beauvois[1], plusieurs chercheurs en psychologie sociale français ont adopté, comme thème de recherche complémentaire, la psychologie judiciaire et ont focalisé leur attention sur le témoignage oculaire[2]. Ils proposent le fruit de plusieurs années de travail dans un ouvrage – à notre connaissance le seul de langue française sur ce sujet – *Témoins sous influence*[3]. Le titre même de ce livre évoque les influences nombreuses et méconnues qui peuvent s'exercer sur un témoin à son insu comme à celui des enquêteurs. Nous avons tous en tête l'influence que peuvent tenter d'exercer des criminels, de manière directe ou indirecte, sur une personne afin que celle-ci refuse de dire ce qu'elle sait ; nous avons moins en tête l'influence que peut exercer un témoin sur lui-même. Ce travail permet de constater que le témoin objectif n'existe pas. Le témoignage possède des déterminants psychologiques, mémoire, émotion, attention, etc. Par conséquent, l'état psychologique d'un individu provoqué par les faits et avant les faits fera de lui un témoin non objectif par excellence. Connaître ces déterminants et leurs effets dans une situation particulière est l'un des objectifs de la psychologie judiciaire.

Les auteurs de *Témoins sous influence*[4] constatent l'aspect embryonnaire des expertises réalisées pour le compte des tribunaux français, ainsi que le peu de temps qui leur est consacré, et dénombrent dans notre pays sept cents cas d'identification erronée de suspects chaque année. Il semble donc urgent de mettre au service de la justice et de la police l'état d'avancée de travaux réalisés depuis plusieurs années dans ce domaine et dans des laboratoires français.

L'entretien, un outil essentiel pour un témoignage fiable

Il existe tout d'abord des techniques d'entretien, qui permettent de parer aux biais introduits dans un témoignage, la suggestibilité en est un puissant. Demander à un témoin s'il a vu une automobile passer en trombe à un feu rouge à une heure donnée n'est pas la même chose que de lui demander de raconter ce qu'il a vu et entendu lorsqu'il se trouvait à une heure donnée à l'angle de la rue de la Poste et de la rue Tapis-Vert. L'entretien cognitif est une technique qui laisse le loisir à une personne de reconstituer au mieux ce dont elle a été témoin.

Cette technique comporte plusieurs phases. La première est dite de rappel libre, le témoin évoque ce qu'il a vu et entendu en toute liberté sans être interrompu par qui que ce soit et sans qu'aucune question ne lui soit posée. Un entretien traditionnel dure environ trente minutes. Dans ce laps de temps, il est posé à peu près deux cents questions au témoin, ce qui entraîne systématiquement un épuisement cognitif. Devoir se souvenir au mieux de ce qui s'est passé, être attentif à une question posée, abandonner ce que l'on tentait de se remémorer pour répondre à la question, etc., et ce de nombreuses fois au cours de l'entretien – tout en étant conscient de l'importance et du poids des réponses que l'on donne – a de quoi perturber n'importe qui et ne favorise en rien la remise en mémoire d'événements. La phase dite de rappel libre de l'entretien cognitif dure à elle seule trente minutes pendant lesquelles le témoin n'est interrompu par personne dans son cheminement mental. La seule consigne qui lui est donnée lors de cette phase de l'entretien, c'est de se remettre du mieux qu'il peut dans le contexte à la fois environnemental et émotionnel présent au moment de l'événement. Cela a pour effet d'accroître de manière non négligeable le nombre d'informations restituées par le témoin, environ 40 % d'informations en plus sans que les informations incorrectes augmentent. Lors de la deuxième phase, le sujet s'attache à donner le maximum de détails à propos de la scène dont il a été témoin, même s'ils lui paraissent de peu d'importance et même s'il n'est pas très sûr de ce qu'il avance. Cela a pour effet de faciliter la récupération en mémoire de l'ensemble de l'événement qui s'est déroulé. Au cours d'une troisième phase, le sujet rappelle l'événement dans un ordre de narration différent, de la fin jusqu'au début. L'effet produit par cette technique est ce que nous appelons l'effet de récence : se rappeler ce qui est le plus récent a un effet boule de neige et permet de faciliter le rappel de ce qui est plus ancien. Enfin, lors de la quatrième et dernière phase, le témoin adopte une autre perspective que la sienne. Il se met par exemple à la place du cambrioleur qu'il a vu escalader un balcon ou à la place de l'individu – apparemment un passant ordinaire – qui s'est avéré être un dangereux criminel venu repérer des lieux où il a commis des méfaits quelques jours plus tard. Peuvent surgir à cette occasion des informations importantes qui n'ont pas été restituées lors de la première phase au cours de laquelle le témoin reste dans son rôle.

Les principes théoriques qui fondent l'entretien cognitif reposent sur les connaissances que nous possédons de la mémoire humaine et en font un outil fiable d'investigation.

Outre la mise en place et l'utilisation de l'entretien cognitif qui permet de réduire de manière non négligeable les risques d'erreurs judiciaires, les laboratoires de recherche avancent, grâce aux résultats des études mises en œuvre, un certain nombre d'arguments qui mettent l'accent sur les effets délétères du système cognitif humain.

Une forte émotion et notre mémoire ne font pas bon ménage

Une émotion ressentie lors d'un événement a un effet incontestable et parfois considérable sur la mémoire du témoin. Les résultats des études à ce propos sont cependant contradictoires[5]. Pour la moitié d'entre elles, l'émotion produit un effet négatif sur la mémoire, pour l'autre moitié, c'est l'inverse. Par contre, ce qui est avéré, c'est que la présence d'une arme, et les émotions qu'elle provoque, affecte de façon importante les informations mémorisées par le sujet. Une personne placée dans cette situation focalise son attention sur le pistolet, le regarde de manière répétitive et presque exclusive. Bien entendu, c'est le danger que représente l'arme qui est la cause de cette attention soutenue. Le témoin aura par conséquent beaucoup de difficultés à rendre compte de ce qui s'est passé autour de lui lors de la scène violente puisque son attention était focalisée ailleurs.

Les civils ne sont pas de pires témoins que les policiers

Le témoignage d'un policier lors d'un procès paraît plus crédible aux yeux des gens, qu'ils soient juges, avocats, officiers de police, étudiants et personnes âgées (populations utilisées comme sujets), que celui d'un employé de bureau[6]. Pourtant, il n'est pas le meilleur témoin. Ce constat est toutefois modulé par une étude[7] qui montre que les policiers sont plus performants que les civils en ce qui concerne la pertinence des informations évoquées dans le récit des faits. Un témoin ordinaire rapportera un ensemble de faits pas toujours utiles à une procédure d'investigation, ce qui ne sera pas le cas des policiers qui connaissent mieux que tout le monde les besoins d'une enquête et ils seront plus efficaces dans ce cas-là.

La certitude affichée n'implique pas l'exactitude

La certitude affichée par un témoin intervient pour 50 % dans l'estimation d'exactitude que le jury accorde au témoignage. Autrement exprimé, ayez l'air sûr(e) de vous et vous avez déjà 50 % de chance que l'on vous fasse confiance. C'est du reste ce que nous apprennent les études à propos de la formation d'impression et plus généralement de l'influence sociale. Nous vivons dans d'autres circonstances ce type d'inférence. Nous avons tous et toutes une outrageuse tendance à penser que l'on peut se reposer sur une personne qui a l'air sûre d'elle, la croire, lui faire confiance et il nous est arrivé à tous de devoir réviser un jour ou l'autre ces points de vue, la personne en question s'étant montrée plus tard beaucoup plus vulnérable que ce qu'elle présentait. La relation entre certitude et exactitude est effectivement ténue en ce qui concerne le témoignage. Sur trente et une recherches[8], treize seulement montrent une corrélation positive mais faible entre certitude et exactitude. Ce qui signifie que la certitude affichée par un témoin ne doit en aucune manière être mise en relation avec l'exactitude des éléments qu'il rapporte et dont il semble convaincu.

Méfiez-vous de votre première impression

La reconnaissance d'un visage non familier est liée au contexte présent lors de l'encodage[9]. La récupération en mémoire est d'autant plus aisée que le contexte est le même. Si vous voyez pour la seconde fois une personne que vous avez croisée dans les couloirs de votre entreprise il y a un mois et qu'elle se trouve dans le même couloir, encadrée des deux mêmes personnes que lors de votre première rencontre, vous vous souviendrez beaucoup plus vite de qui elle est, de son nom et de ce dont vous avez discuté lors de l'entretien initial.

Une autre voie parle de la profondeur du traitement d'un visage non familier. Cette dernière porterait à croire que les jugements que nous émettons à propos de la personnalité de quelqu'un que nous rencontrons pour la première fois nous aident à nous souvenir de son visage. Cependant, plus les éléments sont nombreux, plus les traces mnésiques sont minces, les éléments étant trop nombreux à considérer. C'est le cas en général et, par conséquent, le jugement affectera de manière négative la mémoire de son propriétaire lorsque celui-ci, en plus de devoir traiter toutes ces informations nouvelles qui lui parviennent, aura émis un jugement sur la personne qui lui fait face pour la première fois. Ce qui signifie que si un témoin déclare : « Je me souviens très bien de son visage parce que, lorsque je l'ai vu entrer dans la banque, je me suis retourné sur lui. Il rigolait tout seul et je me suis dit "encore un fou qui se promène en liberté" », vous pouvez penser que son souvenir est plus flou qu'il ne l'imagine et ne le prétend.

Le monde est juste et il me ressemble

Nous croyons tous, ou voulons croire, qu'il existe une justice. Si ce n'est celle des hommes, peut-être est-ce celle du hasard ? Croire en un monde juste nous incite plus facilement à condamner quelqu'un qui vit une aventure pénible. « S'il est dans cette situation difficile, c'est parce qu'il a commis une faute, une erreur », il mérite donc ce qui lui arrive. Souvenez-vous de l'expérience de Milgram qui montre, entre autres choses, que le sujet « tortionnaire » trouve « normal » de punir quelqu'un qui ne fait pas correctement la tâche pourtant simple qu'on lui demande d'accomplir. Pour ceux d'entre vous qui s'en souviennent, les quelques premiers milliers de chômeurs étaient, pour beaucoup de nos concitoyens dès 1970, des gens qui voulaient bien de cette situation et/ou qui avaient « raté » quelque chose, ce qui expliquait à bon compte qu'ils en soient là...

En plus de cette croyance en un monde juste, nous sommes également plus sensibles à ce qui arrive à une personne que nous considérons comme notre semblable. Si je me sens proche d'une victime, j'aurai tendance à blâmer plus fortement le criminel, et si c'est du criminel que je me sens proche, par exemple parce que nous sommes du même sexe, c'est la victime que je blâmerai plus volontiers. Cette attribution se traduit par la minimisation des violences sexuelles sur les femmes de la part d'un homme, par exemple.

Qui vais-je punir de préférence ?

Les connaissances préalables d'un sujet paraissent affecter les attributions qu'il peut faire. Ces mêmes préconceptions peuvent affecter la perception qu'il aura de l'événement et son souvenir. Autrement dit, un individu, qu'il soit témoin ou juré, sélectionne, construit et/ou reconstruit les éléments d'une scène autant qu'il les emmagasine en mémoire[10]. Ce dont je vais témoigner ou ce que je vais juger, c'est ce que j'ai vu, entendu et lu, mais aussi ce que j'en pense. Ce faisant, le témoin commet des erreurs, bien entendu. Ces phénomènes expliquent les variations, parfois considérables, du récit d'une même scène vécue par plusieurs personnes. Ces reconstructions sont, entre autres, médiatisées par les attitudes, les croyances et les attentes du sujet. Dans cette perspective, on s'en doute, le poids des stéréotypes et des préjugés, raciaux en particulier, affecte ces deux éléments de façon importante. D'autre part, l'effet dû à l'appartenance ethnique* montre que nous reconnaissons plus facilement une personne appartenant à la même ethnie que la nôtre.

Les enfants sont-ils des témoins fiables ?

Les premiers travaux permettant de développer une psychologie du témoignage ont été réalisés en Allemagne,

* Cette identification intergroupe porte le nom, un peu choquant pour nous français, de *race effect* (« l'effet de race ») que les Anglo-Saxons utilisent avec quiétude. Il désigne les biais introduits dans le témoignage lorsqu'il s'agit de décrire une personne d'une origine ethnique différente de la sienne.

très vite suivie par les États-Unis. Une des préoccupations initiales a consisté à apporter des réponses sur la fiabilité du témoignage d'un enfant, eu égard à l'augmentation des crimes sexuels. Le CBCA* a été créé dans la perspective de distinguer les récits mensongers des récits véridiques d'enfants abusés sexuellement. Il s'avère que cette technique d'analyse du discours est également fiable lorsque les sujets sont des adultes[11].

Mary-Ann Mason-Ekman, avocate d'affaires familiales, s'intéresse aux témoignages des enfants en particulier quand ils sont victimes d'agressions sexuelles[12]. Elle nous rappelle que, dans les années 1970, les enfants passaient pour des témoins épouvantables. Les déclarations d'enfants de moins de 7 ans ne pouvaient jamais être prises en considération et, de 7 à 14 ans, c'était aléatoire. Le nombre croissant de crimes sexuels commis sur des enfants – que certains contestent et assimilent à une hystérie de la dénonciation – pousse les chercheurs comme les avocats à s'assurer de la crédibilité des enfants en tant que témoins. Les domaines clefs concernés par cette problématique sont la mémoire, le souvenir, la compréhension et l'imagination. L'enfant est le plus souvent la victime et le seul témoin d'un crime sexuel, son témoignage et sa fiabilité en font des éléments d'autant plus précieux. On sait que de très jeunes enfants, à partir de 3 ans, sont capables d'élaborer de véritables mensonges. D'autre part, une des réalités de nos civilisations est à prendre en compte, il s'agit de l'augmentation des divorces. Les « exigences contradictoires de loyauté, ainsi que la tension entre les parents, peuvent très bien inciter les enfants à mentir plus fréquemment sur de nombreux

* CBCA : *Criteria-Based Content Analysis* = critères d'analyse du contenu verbal d'une déclaration.

sujets[13] ». Pour toutes ces raisons, l'intérêt des travaux qui précisent ce qu'il faut savoir à propos du témoignage d'un enfant paraît fondamental.

Les récentes recherches réalisées sur la crédibilité de jeunes témoins sont relativement optimistes puisqu'elles avancent que même les enfants de moins de 4 ans peuvent présenter des témoignages dignes de foi. Cependant, il faut apporter quelques précisions à cette assertion générale. Plus l'enfant est jeune, moins il peut donner de détails sauf si son attention est attirée par un objet nouveau mais attractif – un dessin animé par exemple. Sa capacité à appréhender des événements nouveaux ou inhabituels n'est pas ou peu développée, sauf s'ils se sont déroulés sur le territoire familial. Les enfants de moins de 10 ans ont plus de difficultés à évoquer les choses spontanément, ce qui peut conduire les interrogateurs sur le dangereux terrain de la suggestibilité, qui d'ailleurs ne concerne pas que les enfants[14, 15]. À ce propos, Mason-Ekman[16] indique qu'à partir de l'âge de 11 ou 12 ans les enfants ne sont pas plus sensibles à une information trompeuse ou incorrecte que les adultes. Encore faut-il que la technique d'entretien utilisée permette au témoin de garder un libre arbitre relatif. En ce qui concerne les enfants de moins de 7 ans, cette question est encore controversée. Ce que l'on sait, c'est qu'ils se montrent particulièrement vulnérables aux fausses informations portant sur des actes périphériques, mais non à celles portant sur l'acte principal. Les enfants d'âge préscolaire (en classe maternelle) sont très influencés par l'adulte qui les interroge, comme a pu le démontrer le psychologue Varendonck il y a fort longtemps[17]. Suite à de très importants travaux réalisés sur la suggestibilité des enfants[18, 19, 20] de nombreuses propositions ont été faites par les chercheurs afin de modifier les procédures d'investigation où des enfants sont impliqués, en général comme victimes. Celles-ci consistent essentiellement en une prise en compte des biais importants qu'induisent les procédures judiciaires utilisées jusqu'à présent et suggèrent d'apporter des modifications susceptibles d'y remédier. Nous décrivons trois des axes de méthodes d'investigation et de jugement pour lesquels il nous semble très important que des modifications soient apportées.

1. Tout d'abord, voyons le cas de l'utilisation des poupées anatomiques « considérées comme un test psychologique standardisé [21] ». Elles servent de support à l'entretien avec l'enfant lors de procédures d'investigation qui cherchent à savoir s'il a été ou non victime d'une agression sexuelle.

L'utilisation de ces poupées, fidèles sur le plan anatomique, est révélatrice de modifications ou précautions qu'il conviendrait d'apporter et de prendre. Ces poupées sont censées représenter l'enfant et l'aider à raconter ce qui s'est passé de façon concrète. Cependant, l'utilisation de ces supports fait l'objet d'une grande controverse. Il est certain que ces poupées donnent l'occasion à un enfant, peu enclin ou peu capable de verbaliser, de s'exprimer et/ou de mettre en acte une agression sexuelle si elle a eu lieu. Pourtant, des auteurs estiment qu'il s'agit là d'un excellent moyen de conduire l'enfant à fabuler dans le sens d'une agression sexuelle. Le maniement systématique de ces poupées et surtout les conclusions que l'on peut tirer d'un entretien mené grâce à ce support restent donc délicats.

De nombreuses expériences centrent leur intérêt sur ces questions. Une étude réalisée avec 209 enfants non abusés sexuellement montrent que seuls 6 % d'entre eux adoptent des comportements ambigus à connotations sexuelles vis-à-vis des poupées. Cette étude semble aller dans le sens d'une absence de risque d'affabulation des enfants. D'autant que d'autres recherches confirment que des enfants abusés montrent un comportement très différent de ceux qui ne l'ont pas été. Néanmoins, d'autres recherches affirment le contraire : est-ce que l'utilisation de ces poupées permettra à l'enfant de mieux se souvenir et avec plus d'exactitude de l'événement ? Ce n'est pas si sûr ! On constate en rappel libre (lorsque le témoin parle sans contrainte et sans être interrompu ou questionné) que le témoignage est exact mais incomplet. La poupée permettra-t-elle à l'enfant de rapporter plus d'informations ? Des enfants de 3 ans sont incapables d'utiliser la poupée comme une représentation d'eux-mêmes. Une expérience, et elle n'est pas la seule, illustre ce phénomène. Un groupe d'enfants de 3 à 5 ans est appelé à passer une visite médicale. Une semaine plus tard, ceux-ci sont interrogés sur ce qui s'est passé au cours de cette visite. Un premier groupe d'enfants témoigne sans l'aide de poupée, un deuxième groupe à l'aide d'une poupée sans détails anatomiques, un troisième groupe à l'aide d'une poupée anatomique. À ce dernier groupe, on demande ce qui est arrivé à un copain, représenté par la poupée, qui a subi le même examen médical que lui. Les enfants de 5 ans commettent moins d'erreurs dans ces circonstances tandis que, pour les enfants de 3 ans, la poupée n'aide en rien le témoignage. Ces diverses études attestent que les poupées peuvent être utiles lorsque le témoignage implique un enfant de 5 ans et plus, elles sont alors « un outil profitable de communication dans les mains d'un professionnel exercé[22] ». Cependant, quelques mises en garde semblent nécessaires.

— Il ne s'agit pas d'un test psychologique fiable pour effectuer des prédictions ou des inférences.

— On ne peut pas tirer de conclusions définitives à partir du seul entretien, qu'il soit directif ou non, avec des poupées.

— Des précautions particulières sont à prendre lorsque l'entretien implique un enfant de 4 ans et moins.

— Enfin, des différences entre les enfants sont à prendre en compte. Elles concernent en particulier les groupes culturels et socioéconomiques d'appartenance[23].

2. D'autre part, il n'est pas nécessaire d'être grand clerc pour soupçonner la cruauté et le traumatisme que représente pour un enfant le fait d'être mis en présence physique de son agresseur. La peur d'une violence renouvelée additionnée à la résurgence de souvenirs traumatisants et difficilement compréhensibles dans un monde d'enfant ne nécessite pas de recherches pour être affirmée.

3. Enfin, il existe une absence totale d'informations et d'instructions claires données aux jurys sur la manière de considérer le témoignage d'un enfant. Mettre à la disposition des jurés ces connaissances est un préalable indispensable au jugement.

Les applications des travaux réalisés à propos du témoignage des enfants ou des adultes sont larges et riches. Les premières recherches ont été réalisées aux États-Unis en ce qui concerne les indices non verbaux du mensonge[24, 25], et en Allemagne où des chercheurs en psychologie légale[26, 27] ont mis au point le CBCA. Suivis en cela par des chercheurs suédois, canadiens et américains, la technique d'analyse du discours étant affinée et améliorée. Certains de ces pays possèdent des règles de fonctionnement judiciaire différentes des nôtres. Je pense en particulier aux États-Unis où, par exemple, le résultat au test du détecteur de mensonge est une des pièces jugées valides et recevables et portées au dossier de l'accusation. Dans ce pays également, le délit de parjure existe et la traque au mensonge est plus vive : le témoin jure sur la Bible de dire toute la vérité. Malgré ces différences, les problèmes essentiels restent les mêmes en France : suggestibilité des enfants et des adultes, influence subie avant un témoignage ou au cours d'un procès, entretiens risquant de limiter le nombre d'informations précieuses fournies par un témoin, mensonges latents ou présents lors des témoignages, etc.

Des outils existent qui peuvent améliorer sensiblement la qualité des procédures judiciaires ainsi que celle des jugements. Il ne reste plus qu'à les utiliser couramment.

L'analyse verbale et non verbale d'un témoignage

La collaboration engagée entre le professeur Jacques Py et moi-même depuis plusieurs années nous a permis d'associer des critères verbaux et non verbaux afin d'évaluer la fiabilité d'un témoignage. Le CBCA tend, à partir de l'analyse de chaque mot d'une déclaration, à mesurer si le témoin est de bonne ou de mauvaise foi ; le *Reality Monitoring*, une seconde technique d'analyse du discours d'un témoin, tend à mesurer si le sujet a subi une influence ou non au cours de son témoignage ou avant. L'analyse des critères non verbaux tend à répondre à une question : est-il probable ou improbable que cette personne mente ? Ces derniers critères sont la teneur essentielle de ce livre. La mise en commun de ces trois types d'évaluation en vue d'augmenter la qualité des données recueillies et la portée des résultats avancés semble précieuse et utile à une modification nécessaire et à une amélioration sensible de la qualité des procédures judiciaires.

Les recherches communes effectuées par Jacques Py et moi-même sur ces sujets nous ont amenés à associer et comparer les trois types d'analyse. La sensibilité de la moitié des trois types de critères à une situation expérimentale permet de mettre en évidence le mensonge dans un contexte de témoignage oculaire[28]. Nos 126 sujets devaient pour la moitié d'entre eux témoigner à propos d'un film qu'ils avaient réellement vu ; l'autre moitié des sujets n'avaient pas vu le film mais devaient le prétendre et fournir des détails sur celui-ci. Nous avons constaté au cours de ces recherches que nos sujets menteurs ont globalement l'air sûrs d'eux, contrairement à ceux qui disent la vérité. Ils n'émettent pas de doutes à propos des informations qu'ils donnent, de même qu'ils n'admettent aucun trouble de mémoire. Par exemple, aucun d'entre eux ne dit « il me semble que... » « je crois qu'à ce moment-là... » « je n'en suis pas certain, mais je pense que... » ou encore « je ne me souviens pas très bien, mais... ». À l'inverse, leurs phrases sont des affirmations péremptoires. D'autre part, ils évoquent plus fréquemment que les autres des idées, des pensées qui leur auraient traversé l'esprit au moment des faits. Cependant, quelques comportements non verbaux trahissent ce que leurs mots ne laissent pas apparaître. Nous constatons une augmentation de certains sourires dit d'embarras*, une diminution des vrais sourires**, ainsi qu'une augmentation des clignements d'yeux.

---

* Le sourire d'embarras est accompagné du regard dirigé vers le bas.

** Le vrai sourire active le muscle du pourtour des yeux et fait s'abaisser les sourcils.

Ces résultats confirment ce que d'autres chercheurs observent[29, 30, 31, 32].

Perspectives

Nos travaux actuels consistent à poursuivre des recherches permettant de mettre en évidence les critères non verbaux et verbaux du mensonge, ainsi que leur juste perception. Nous nous intéressons également à l'apparition simultanée d'indicateurs verbaux et non verbaux. Nous cherchons à savoir si, lorsqu'un individu ment, apparaissent de manière répétitive, systématique et simultanée des types d'indicateurs des deux natures ou si, *a contrario*, des comportements spécifiques disparaissent systématiquement et simultanément. En d'autres termes, la question à laquelle nous tentons de répondre est : est-ce que, lorsqu'une personne tente de duper autrui, elle va, par exemple, être sûre d'elle sur le plan verbal, ne pas douter des informations qu'elle fournit, en même temps qu'elle fixera du regard son interlocuteur et qu'elle émettra un faux sourire ? Ce type de combinaison de comportements existe-t-il et s'agit-il d'invariants ?

D'autre part, nous nous attachons à mettre en évidence les mécanismes et les stratégies qui permettent aux individus de décrire, le plus précisément possible, une personne. Au cours des procédures d'investigation policières, lorsque l'on demande à un témoin de décrire un agresseur, nous constatons une grande pauvreté des signalements[33]. Un témoin propose en moyenne huit éléments : le sexe, l'âge, l'ethnie, la taille, le poids, la couleur des cheveux, quelques éléments vestimentaires ou objet qu'il tenait dans la main, tout cela restant très approximatif. Cela donne, par exemple : « Il s'agissait d'un homme, de taille moyenne, brun, de forte corpulence, d'origine européenne, portant un imperméable clair, un béret et une baguette de pain à la main... » Autrement dit, des centaines de personnes d'une même ville peuvent correspondre à cette description. De plus, le taux d'exactitude des renseignements fournis n'est jamais maximal mais tourne autour de 75 % en moyenne. La réalisation d'un portrait-robot s'effectue à partir des éléments fournis par le ou les témoins. Il arrive parfois qu'un seul témoignage puisse conduire une personne innocente en prison. Vous comprendrez par conséquent l'importance de la fiabilité des témoignages et des travaux permettant d'augmenter sensiblement les informations correctes données par les témoins. La description d'une personne et surtout celle des visages relèvent d'un certain nombre de processus cognitifs que nous connaissons parce qu'ils font l'objet d'études fondamentales dans nos laboratoires. La mise en œuvre de parades d'identification* et portraits-robots, lors d'enquêtes policières, s'appuie sur ces connaissances sans forcément les utiliser de façon systématique[34].

Mettre à la disposition des professionnels concernés nos connaissances et bâtir des études qui permettent d'optimiser au mieux les entretiens de témoins et de suspects, la reconnaissance des visages et des personnes : voilà les travaux auxquels nous nous attelons désormais.

En outre, nous cherchons à étendre l'entretien cognitif à d'autres types d'interactions que celles consacrées à l'interrogatoire de police. La fiabilité de ce type

* Les parades d'identification sont ces présentations de personnes portant chacune un numéro et parmi lesquelles un témoin doit reconnaître le suspect.

de technique, qui permet à une personne de rendre compte au mieux d'un événement de quelque nature que ce soit dont elle a été le témoin, n'est plus à démontrer. Son intérêt ne réside par conséquent pas exclusivement dans la perspective du témoignage oculaire. C'est un outil de remise en contexte mental de tout événement traumatisant ou non et il a, à ce titre, un intérêt multiple.

Chapitre VI

LES STÉRÉOTYPES ONT LA PEAU DURE

> « Le pire des mensonges est celui qui se rapproche le plus de la vérité. »
>
> André GIDE,
> *Si le grain ne meurt.*

Le mensonge bénéficie d'une méprise considérable. La plupart des individus pensent être de piètres menteurs et s'imaginent capables de déjouer les pièges tendus par ceux qui ont l'intention de les abuser. En fait, c'est tout le contraire. Les individus sont de bien meilleurs menteurs qu'ils ne le croient. Il suffit pour vous en convaincre de faire un peu d'introspection. Essayez de vous souvenir du nombre approximatif de mensonges que vous avez proférés sans vous faire prendre et vous constaterez qu'ils sont légion. Par contre, nous sommes très souvent grugés, ou nous nous rendons compte trop tard des forfaits d'un menteur, et nous ne sommes par conséquent pas de très efficaces détecteurs de mensonge.

Lorsqu'une personne ment, elle présente dans la plupart des cas des signes de son état, de gêne et d'embarras *a minima*, de soumission à une pression émotionnelle forte *a maxima*. Ces signes ne peuvent pas tous être réprimés, dans la mesure où le contrôle que nous exerçons sur notre visage, notre voix, notre corps ne s'effectue pas de la même manière. Dans un tel contexte, nous allons devoir livrer un combat singulier. Notre condition humaine nous a acclimaté au contrôle précis des mots prononcés, de la tournure de nos phrases, de notre discours en général. Nous savons que c'est le langage qui nous gratifie d'une supériorité incontestable parmi les mammifères supérieurs et nous en usons souvent avec beaucoup de talent. Notre condition d'éthologue naïf nous a enseigné que, lorsque nous parlons, la personne à laquelle nous nous adressons regarde essentiellement notre visage. Notre expérience passée nous a permis de constater que, lorsque nous sommes soumis à une pression émotionnelle, y compris de faible intensité, notre visage et notre voix nous trahissent. Nous n'y pouvons rien changer, rien ne semble nous autoriser un contrôle de la situation pleinement satisfaisant.

Le mensonge place chacun d'entre nous face à un dilemme. Il y a bien trop de paramètres dont il faut tenir compte, nous allons devoir opérer une sélection. Tout d'abord, nous serons très attentifs à ne pas nous trahir par les expressions de notre visage, qui est l'objet de toutes les attentions de la part de nos interlocuteurs. Puis nous allons faire attention à notre discours, parce que cette opération cognitive peut paraître la plus aisée. Et nous allons négliger le contrôle de notre voix et des mouvements expressifs de notre corps. Nous n'entendons pas notre voix comme les autres la perçoivent, c'est la première raison qui la rend difficilement contrôlable. La deuxième raison, c'est que la voix est directement reliée aux parties du cerveau qui gouvernent nos émotions. Lorsque nous ressentons une émotion forte, cet état aura un effet immédiat sur notre voix et sur notre visage, les conséquences visibles et audibles seront peu contrôlables. Enfin, les gestes que nous faisons, les postures que nous adoptons, les mouvements de nos pieds et de nos jambes ne font pas l'objet d'une attention très soutenue de la part de nos vis-à-vis. Par conséquent, notre effort de contrôle ne sera pas concentré sur ces mouvements.

Le profil que nous venons de décrire est celui de l'émetteur du mensonge. Si nous nous plaçons maintenant du point de vue du récepteur, force est de constater que les signes non verbaux (gestes, expressions du visage, etc.) qui peuvent faire soupçonner un mensonge, une duperie, sont bien peu connus de lui. Nous verrons qu'en ce qui concerne les indices paraverbaux – tout ce qui sort de la bouche et qui n'est pas des mots – nous sommes plus performants. Ces indices non verbaux sont vus fort souvent à travers le prisme de la stéréotypie et la plupart d'entre nous associent au mensonge des comportements qui n'en sont pas. Cependant, il ne faut pas mésestimer les connaissances que nous possédons à ce sujet. Il faut simplement les affiner, les rectifier ou les compléter.

Les deux écueils qui se présentent et empêchent de détecter correctement le mensonge sont l'absence ou l'insuffisance de connaissances à son sujet (ce livre contribuera, je l'espère, à combler ces lacunes) et les nombreux stéréotypes qui encombrent votre esprit et faussent votre jugement. Ce second écueil devrait être dépassé à la fin de la lecture de ce chapitre puisqu'il a pour objectif de nous aider à nous en débarrasser. Mais rassurons-nous, ces croyances erronées à propos du mensonge sont partagées par un grand nombre d'entre nous, y compris par des professionnels de la détection, pourquoi, donc, est-il préférable de se libérer des stéréotypes concernant cet événement banal et quotidien qu'est le mensonge ? Parce que nous pouvons fabriquer un suspect en toute bonne foi si nous ne tenons pas compte d'un ensemble de phénomènes présents lors de nos interactions ou, au contraire, être dupés dans des circonstances qui font appel à la plus grande des vigilances.

Portrait d'un menteur

Lorsque vous pensez au mensonge, vous viennent à l'esprit des comportements qui, croyez-vous, le révèlent. Ces indices peuvent être :

— *Verbaux* : un menteur parle beaucoup, parle peu, donne beaucoup de détails...

— *Non verbaux* : un menteur montre des signes de nervosité, se mord les lèvres, ne regarde pas son interlocuteur dans les yeux ou, au contraire, le fixe...

— *Paraverbaux* : un menteur bafouille, met du temps à répondre, répond trop rapidement, commet beaucoup d'erreurs de discours, émet des hésitations trop fréquemment, etc.

Vos souvenirs en tant que menteur ou victime d'un mensonge vont vous permettre de grossir cette liste.

Si, à cet instant, vous pensez au comportement d'une personne en particulier et que celle-ci est un de vos proches (enfant, mari, épouse), vous aurez sans aucun doute noté ses tics, ses signes particuliers, ses idiosyncrasies quand il/elle ment. Enfin, peut-être vous direz-vous aussi que tout dépend du contexte, et vous n'aurez pas tort. Nous avons eu l'occasion de constater qu'il était différent de mentir à un ami ou à un étranger, de s'être préparé ou non, etc. S'il s'agit de votre comportement dont vous vous souvenez, vous allez penser que vous n'émettez pas tous ces indices. Vous estimerez sans doute que vous ne vous comportez pas comme vous dites que les autres se comportent.

Ce rapide inventaire décrit à gros traits ce qui se passe lorsque vous êtes confronté à un menteur éventuel ou que vous-même êtes en train de mentir. Je suppose que vous vous reconnaîtrez en partie dans ce rapide portrait, ou que vous reconnaîtrez l'attitude de certains de vos proches. Rien de plus normal, puisque j'ai puisé chez des sujets « naïfs » la majeure partie de ce que je viens d'énumérer.

Les indicateurs du mensonge, qu'ils soient verbaux, non verbaux ou paraverbaux, peuvent apparaître contradictoires comme l'est la courte liste que nous venons de dresser : un menteur parle beaucoup, un menteur parle peu, il regarde son interlocuteur dans les yeux, il évite le regard de celui-ci, etc. C'est une des caractéristiques du mensonge que de présenter des signes polymorphes. Cependant, on peut considérer les comportements non verbaux en termes de catégories, ce qui permet de gommer des différences interindividuelles qui ne sont qu'apparentes.

Prenons l'exemple de deux comportements qui semblent totalement différents et qui pourtant appartiennent à la même famille. Lorsqu'un individu presse ses lèvres l'une contre l'autre ou qu'il passe sa langue à l'intérieur de sa joue, il effectue le même type de comportement que lorsqu'il frotte sans se lasser sa cuisse avec la main. Tous deux sont des manipulateurs (que d'aucuns nomment des adaptateurs), l'un facial, l'autre corporel, mais tous deux ont une fonction identique. Certains individus choisiront tel manipulateur plutôt que tel autre, mais le geste qu'ils effectuent est le même. Regrouper des indicateurs est possible. Cela permet de dépasser la très grande variété apparente des gestes.

Néanmoins, un certain nombre de différences individuelles demeurent dont il faut tenir compte – le sexe, l'âge, etc.

Il faut également tenir compte du contexte général dans lequel se déroule l'activité mensongère : la nature, le type de mensonge, l'enjeu qu'il représente pour le menteur ont leur importance et ne seront pas toujours identiques selon le mensonge proféré.

Enfin, vous êtes très souvent persuadé, lorsque vous mentez, d'échapper aux pièges qui peuvent vous trahir. Par exemple, vous savez que ne pas regarder son interlocuteur dans les yeux risque d'attirer la suspicion de celui-ci et vous allez vous efforcer d'éviter ce genre de comportement. Vous êtes donc convaincu d'éviter les comportements caractéristiques adoptés par le menteur et vous seriez dans ce cas un être unique puisque, lorsque vous recherchez des indices révélateurs du mensonge chez autrui, vous recherchez des comportements que vous-même évitez ! Ici, vous avez à la fois raison et tort. Vous avez tort de penser que vous êtes unique : toute personne à votre place agirait de la même façon que vous, elle éviterait les comportements stéréotypiques du mensonge pour ne pas se faire prendre. Vous avez raison de penser que vous n'émettez pas ce type de comportement. Un menteur ne se détecte pas parce qu'il évite le regard de l'autre ou parce qu'il bafouille, sinon la vie serait simple et les criminels et les escrocs arrêtés avant même de commettre leurs forfaits. Ce qui est certain, c'est que vous entretenez bon nombre de croyances à propos du mensonge et qu'elles diffèrent notablement des comportements objectifs, c'est-à-dire de ceux que relèvent effectivement les chercheurs lorsqu'ils observent des menteurs en action.

En tout cas, voilà un joli paradoxe comportemental qui consiste à chercher chez l'autre des indices que vous ne pensez pas émettre vous-même !

Opinions et idées fausses

Le mensonge est un acte banal et son utilisation très fréquente : nous mentons quotidiennement. *A priori,* nous devrions donc être de bons connaisseurs de la chose puisque nous en sommes grands consommateurs, mais aussi souvent les victimes. Cependant, les stéréotypes qui lui sont attachés sont coriaces. J'en veux pour exemple une de nos recherches qui a échoué parce que nous n'avions sans doute pas suffisamment mesuré leur poids. Un de mes étudiants, inscrit en maîtrise de psychologie à l'université de Franche-Comté, Jacques Py et moi-même avions imaginé une expérience qui devait nous permettre de montrer les effets bénéfiques de l'apprentissage des comportements verbaux et non verbaux du mensonge sur la discrimination correcte : menteur, personne de bonne foi. La manipulation que nous avions imaginée à ce propos était simple : nous entraînions un groupe d'étudiants à reconnaître les comportements non verbaux et verbaux du mensonge, et nous n'entraînions pas un second groupe. Ainsi, nous allions pouvoir mettre en évidence l'effet bénéfique de l'apprentissage sur la détection correcte d'un menteur. Les étudiants de l'université de Besançon composaient la troupe de nos sujets expérimentaux et avaient docilement appris les comportements que des recherches antérieures[1] avaient mis en lumière. Après cette phase d'apprentissage, nos sujets étaient placés dans la situation expérimentale proprement dite. On leur présentait sur un écran de télévision des individus qui s'adressaient à une personne hors écran et les étudiants (groupe entraîné et groupe non entraîné) devaient se déterminer :

celui-ci ment, celui-là dit la vérité. Une fois qu'ils avaient fait leur choix, ils précisaient, sur un questionnaire, les indices qu'ils avaient utilisés pour se prononcer. Les premiers éléments de résultats montraient des choses tout à fait contradictoires et nous ne comprenions pas bien ce qui se passait. Nous nous sommes vite rendu compte que l'apprentissage ne semblait leur servir à rien. Quel que soit le groupe auquel appartenait le sujet, la détection correcte du mensonge ne semblait pas influencée. Nous avons donc décidé de tenter d'en savoir plus en questionnant nos sujets à l'issue de chaque passation : comment avaient-ils procédé pour se déterminer ? Les personnes appartenant au groupe entraîné ne se servaient pas des éléments appris lors de la phase préparatoire. Nous leurs avons demandé les raisons qui les poussaient à ne pas utiliser ces indices pertinents. Plus de 80 % d'entre elles répondirent qu'elles ne « croyaient » pas à nos indicateurs – les 20 % restants n'osèrent sans doute pas être si directs. Notre expérience était fichue, mais la leçon était belle ! Les idées reçues sont si tenaces qu'il fallait en premier lieu s'assurer que les soupçons infondés des sujets expérimentaux à propos de la validité de nos résultats étaient tombés, et ce avant la mise en place d'une recherche de cette nature.

Pour les personnes qui avaient bien voulu se prêter à notre recherche, l'enjeu n'était pas très élevé. Ne pas réussir à détecter les menteurs, à distinguer les tricheurs des personnes de bonne foi, était sans conséquence pour elles. Cependant, dans la vie courante, vous agissez bien entendu de la même manière. Or il est vraisemblable qu'en beaucoup d'occasions il serait préférable que vous ne vous fassiez pas gruger. Vous n'utilisez souvent que quelques paramètres et indicateurs comportementaux pour vous faire une opinion. Quelles que soient les circonstances, vous utilisez les mêmes. Et vous ne pouvez guère faire autrement pour deux raisons.

En premier lieu, être attentif à la totalité des comportements d'une personne est tout à fait impossible (écouter ce qu'elle dit, être concentré sur les expressions de son visage, la tonalité de sa voix, etc.) et, en outre, la caractéristique principale des comportements verbaux et non verbaux, c'est qu'ils sont extrêmement fugitifs, principalement les derniers. Le nombre très important et le caractère éphémère de ces comportements rendent la tâche de l'observateur fort lourde. Par conséquent, vous ne retiendrez que quelques-uns des comportements perçus.

En second lieu, en raison d'un manque d'informations à ce sujet, vous ne vous fiez pas toujours aux bons indicateurs pour vous faire une opinion ou, plutôt, vous êtes persuadé que certains comportements révèlent le mensonge, ce qui n'est pas toujours le cas. Il vous faut donc à partir de maintenant accepter quelques erreurs faites par le passé, admettre l'idée que votre tête est en général pleine de stéréotypes à propos du mensonge et de leurs effets sur les gens, et vous concentrer sur des indices pertinents, en tenant compte du contexte. Nous entendons par contexte le type de mensonge proféré (à propos de faits, d'émotions non ressenties…), sa nature (altruiste, compromettant…) et sa forme (omission, falsification), ainsi que les circonstances précises de l'interaction (vis-à-vis d'un intime ou non, mensonge préparé ou non, etc.). Connaître de manière détaillée tout cela peut vous intéresser à condition que vous souhaitiez détecter correctement les menteurs, ce qui n'est pas toujours dans votre intérêt. Mais de cela, je vous laisse seul juge.

Nous avons vu qu'il est important, si l'on désire éviter des « erreurs judiciaires » au quotidien, de connaître les paramètres impliqués dans le mensonge et de s'attacher à quelques indices pertinents pour admettre qu'une personne ment. Cependant, les choses ne sont pas si simples et, s'il suffisait de dresser une liste exhaustive des comportements verbaux et non verbaux du menteur et d'en donner le descriptif, ce livre n'occuperait que quelques pages et ressemblerait à un glossaire. Le mensonge, tel que nous l'abordons, est une activité qui englobe autrui. Il s'agit d'un acte de communication et nous nous attachons à un des aspects de la communication : le non-verbal.

Une situation de communication est un ballet comportemental

Observons l'interaction dans son ensemble. Pour qu'il y ait mensonge, il faut être au moins deux : le menteur et sa cible. Une des premières choses que vous ignorez sans doute, c'est qu'il faut associer l'état non verbal de votre vis-à-vis (stress, nervosité, etc.) et votre propre comportement, dont l'impact sur vos interlocuteurs est souvent mésestimé.

Une interaction entre deux ou plusieurs personnes est comparable à un ballet comportemental où tous les danseurs ont leur importance et au cours duquel chacun a une influence sur l'autre. On estime que 65 % de la compréhension d'un message lors d'une conversation se réalise grâce à des éléments non verbaux[2], c'est-à-dire grâce aux gestes, à la tonalité de la voix, à la posture, etc. En perturbant un facteur indispensable à une communication satisfaisante entre deux personnes, les chercheurs de ce domaine mettent en évidence le caractère primordial dudit facteur.

TOUT NE PASSE PAS PAR LA PAROLE

Vous le savez, la tournure que prendra une conversation ne sera pas la même si vous avez l'occasion de voir votre interlocuteur s'agiter devant vous ou si vous ne lui faites pas face. De même, la facilité avec laquelle vous vous exprimerez sera différente si vous parlez directement à votre vis-à-vis et si vous ne le voyez pas.

En dehors du visage, la zone la plus active lorsque nous discutons avec quelqu'un est celle des bras et des mains[3]. Il existe deux types de gestes : ceux qui sont utiles à notre interlocuteur – ils lui permettent de comprendre correctement ce que nous voulons lui dire –, c'est l'aspect communicatif du geste ; et ceux en rapport avec l'activité mentale du sujet qui parle – ils aident le locuteur à exprimer sa pensée –, c'est l'aspect cognitif du geste[4]. D'autre part, nous évaluons négativement la qualité d'une interaction lorsque les indices visuels seront supprimés ou perturbés, c'est-à-dire lorsque nous ne pouvons voir notre interlocuteur comme il nous voit, s'il porte des lunettes de soleil par exemple. Enfin, on constate une modification des tours de parole dans ces conditions par rapport à une situation normale. Les résultats des recherches réalisées à ce sujet sont contradictoires : tantôt les interruptions sont moins fréquentes, tantôt elles le sont plus. Mais ce qui est certain, c'est que la fréquence des interruptions n'est pas la même lorsque la communication entre deux personnes est perturbée de la sorte.

D'amusantes expériences ont été réalisées sur ce sujet. Elles ont permis de constater qu'effectivement les aspects non verbaux du comportement humain sont utiles à la qualité d'une interaction, à la bonne compréhension par l'interlocuteur de ce que dit le locuteur et à faciliter l'expression de celui qui parle. Afin de mettre en évidence ces phénomènes, les chercheurs utilisent le plus couramment deux méthodes. Dans les études qui s'intéressent à l'influence des indices visuels sur la qualité des interactions, les deux partenaires conversent mais ne se voient pas. Ils sont séparés par un paravent[5] ou ne sont pas dans la même pièce et leurs échanges se font par l'intermédiaire d'un Interphone, ou encore l'un voit son vis-à-vis et le second ne le voit que partiellement, il porte des lunettes noires ou un masque. Dans les recherches qui s'intéressent à l'aspect cognitif du geste, la personne qui s'exprime et qui est le sujet de l'expérience est assise dans un fauteuil, a les bras et les mains liés aux accoudoirs et ne peut effectuer de mouvements qu'avec sa tête. Des enregistrements myographiques* sont effectués afin de mesurer l'activité musculaire du bras dominant de l'individu – le bras droit chez les droitiers et gauche chez les gauchers.

Les résultats des recherches entreprises sur ces deux aspects du geste, aspect cognitif et communicatif, confirment que, pour communiquer de façon optimale une information à quelqu'un, nous avons besoin de nos mains et de nos bras. Par exemple, vous aurez les plus grandes difficultés à expliquer un itinéraire géographique à un interlocuteur par le biais d'un Interphone ou encore à décrire verbalement des figures abstraites si l'on immobilise vos mains et vos bras[6]. En ce qui concerne l'aspect cognitif des gestes, c'est-à-dire l'aide qu'ils vous apportent pour exprimer votre pensée, on constate que sans gestes possibles, la fluidité de votre

* Myographie : enregistrement graphique de la contraction des muscles.

comportement verbal sera modifiée[7]. Les pauses au cours du discours sont plus nombreuses lorsque les gestes sont rendus impossibles. Vous ressentirez un sentiment d'inconfort et une plus grande difficulté à communiquer avec quelqu'un qui porte des lunettes noires ou un masque parce que cette personne ne se trouve pas dans les mêmes conditions que vous. C'est l'asymétrie de l'accès à l'information qui provoquera ce sentiment de malaise[8]. Lorsque vous ne voyez pas votre partenaire (il est dans une autre pièce ou un écran vous sépare), vos énoncés seront plus concis, la fréquence des interruptions sera modifiée et vous solliciterez un plus grand nombre d'informations de sa part dans ces conditions[9, 10, 11, 12].

Si un événement quelconque perturbe une conversation, nous en constatons les effets lors de nos expériences de laboratoire. La vie de tous les jours nous donne de multiples confirmations écologiques des résultats de ces recherches. Par exemple, nous supportons tous très mal qu'un interlocuteur ne nous regarde pas lorsque nous lui parlons. Nous n'avons dans ce cas-là plus l'impression d'« être écouté ». Cela peut paraître paradoxal mais atteste que, pour avoir le sentiment d'être écouté, il faut aussi être regardé, et confirme l'importance des gestes dans une situation de communication. Regarder et être regardé lorsque nous parlons, c'est aussi bénéficier de renforcements non verbaux indispensables à la poursuite de la conversation et, par conséquent, à son bon déroulement. Les hochements de tête, sourires, froncements de sourcils, qui ponctuent l'attentive écoute de notre vis-à-vis nous incitent à poursuivre ou à mieux expliquer ce que nous voulons faire comprendre.

Il existe une situation que nous vivons quotidiennement et qui est à elle seule quasi expérimentale : il s'agit de la conversation téléphonique. Elle atteste au quotidien la pertinence des résultats de recherches que nous venons de présenter. Le fait de ne pas voir notre interlocuteur nous amène à effectuer un certain nombre de comportements « inutiles » et de dérivation : dessiner sur un bout de papier, triturer un objet jusqu'à le casser, etc. Les gestes effectués permettent, entre autres, de compenser notre immobilité. Ces remarques sont valables dans le cas où l'individu utilise un téléphone avec fil. Certains chercheurs expliquent d'ailleurs en partie la dégradation des cabines téléphoniques par cette argumentation : la décharge motrice est une nécessité lors d'une conversation. L'avènement relativement récent du téléphone sans fil nous permet de constater, voire d'entendre, que les gens s'agitent quand ils parlent au téléphone. Ils se promènent dans les pièces de leur habitation, ont une activité motrice importante, remuent des casseroles ou d'autres objets de leur environnement pendant qu'ils s'entretiennent avec nous. L'activité gestuelle est un élément indispensable à la communication. Elle nous aide à produire un discours, à nous faire comprendre et à entretenir des interactions sociales de bonne qualité.

Les aspects non verbaux jouent donc un rôle majeur dans le comportement de communication et en particulier dans le comportement interactif. Toutefois, la réaction comportementale d'un individu ne doit pas être exclusivement analysée par rapport à elle-même, mais aussi en tenant compte des événements comportementaux qui apparaissent chez la personne avec laquelle il dialogue.

LA SUSPICION ET SES EFFETS PERVERS

Lorsque le mensonge est supposé présent au cours d'une interaction, la suspicion s'installe très fréquemment chez celui qui mène la conversation. Cette suspicion n'est pas sans conséquence sur son comportement et, par ricochet, sur celui de son interlocuteur, le présumé menteur.

Dans la vie quotidienne, tout comme dans des contextes professionnels, un interrogatoire de police par exemple, la cible du mensonge présumé est la plupart du temps soupçonneuse avant même que le supposé menteur ne parle. Cela signifie que la cible va dans ce cas-là tout faire pour confirmer l'hypothèse qu'elle a élaborée. Elle pense que la personne qui lui fait face tente de la duper et elle va échafauder une stratégie afin de s'en assurer. Nous n'avons pas complètement tort d'imaginer que le menteur est déjà dans cet état de mensonge avant même de nous adresser la parole puisqu'il a souvent prémédité son acte, préparé son mensonge. Ce que nous oublions, c'est que nous aussi sommes préparés à l'entretien. Nous allons voir comment, en agissant ainsi, nous pouvons transformer un innocent en possible coupable. La suspicion dont nous sommes empreints contribue sans aucun doute dans ces conditions à fabriquer un suspect. Mettre en évidence cette influence de l'intervieweur sur son vis-à-vis est rendu possible par la simple manipulation de quelques comportements produits par celui qui mène l'entretien.

COMMENT FABRIQUE-T-ON UN SUSPECT ?

Les effets comportementaux de la suspicion d'un intervieweur sur celui qui, au départ, n'est qu'un témoin ont été démontrés expérimentalement grâce à un constat simple. Lorsque nous suspectons une personne de mensonge, nous émettons, sans systématiquement nous en rendre compte, des mouvements, des gestes, qui attestent notre agacement et notre nervosité. La personne qui nous fait face ne répond pas toujours comme nous le souhaiterions à un certain nombre de questions, ne parle pas de ce que nous l'espérions voir aborder, etc. Tout cela contribue à alimenter notre nervosité et nous émettons ainsi des comportements qui témoignent de notre irritation. Des chercheurs ont observé que les mains étaient une région particulièrement active dans une telle situation. Une étude faite par des psychologues anglais[13] met en évidence ce que nous appelons « la fabrication d'un suspect ».

L'expérience consiste à mettre en présence un vrai officier de police et des étudiants qui sont les sujets de l'expérience. La situation reproduite est un interrogatoire de police. Les chercheurs demandent au policier lors d'une première situation, dite expérimentale, d'émettre quelques mouvements précis de mains et de doigts au cours de l'entretien avec l'étudiant. Lors d'une seconde situation, dite condition contrôle, le policier n'émet aucun mouvement particulier. Les résultats de l'expérience montrent que le sujet expérimental, c'est-à-dire le « suspect » de la condition expérimentale, est affecté par ces mouvements. L'étudiant interviewé placé dans cette situation imite les gestes émis par le policier, il effectue significativement plus de mouvements de mains et de doigts que l'interviewé placé dans la situation contrôle, celle au cours de laquelle le policier n'émet aucun geste particulier.

Ce processus bien connu des chercheurs qui observent les éléments non verbaux des interactions s'appelle l'intersynchronie : « Le récepteur règle sa motricité sur le rythme parolier de l'émetteur[14, 15]. » Ce phénomène nous signale que nous avons tous tendance à imiter notre vis-à-vis, et ce, quelle que soit la situation. Cependant, dans une circonstance aussi délicate que l'interrogatoire de police, nous constatons qu'une simple manipulation de cet effet produit chez le sujet un comportement que l'on peut associer à de la nervosité. De la nervosité à la culpabilité, il n'y a qu'un pas... Au mieux, les investigateurs opteront pour une implication quelconque dans l'affaire qu'ils ont à charge de clarifier. Au pire commencera pour le témoin, trop nerveux par influence, une longue procédure au cours de laquelle il devra faire preuve de sa bonne foi si tel est le cas.

Mais revenons à notre expérience. Lors d'une seconde phase de la recherche[16], les deux scientifiques présentent à des policiers des échantillons d'enregistrements effectués au cours de la première phase de l'expérience. Cinq vidéos de la situation contrôle et cinq vidéos de la situation expérimentale servent de support à cette seconde partie de la démonstration. On demande aux policiers d'évaluer la suspicion que peut attirer sur lui chaque interviewé. Les résultats montrent que ce sont les sujets de la condition expérimentale qui attirent le plus de suspicion. Et ce sont les mouvements de mains et de doigts émis par les sujets qui sont à l'origine de cette suspicion. Aucun des policiers qui évaluent ces enregistrements vidéo n'a remarqué que ces mouvements étaient d'abord émis par le policier-intervieweur.

Si notre propre comportement non verbal peut influer sur celui d'autrui et avoir des conséquences dramatiques dans un certain nombre de circonstances, dans la vie de tous les jours, les conséquences sont souvent moins lourdes. Cependant, la suspicion peut envahir et empoisonner une relation si elle se présente de la même manière. Nous avons tous eu l'occasion de croiser, dans notre entourage professionnel ou amical, ces jaloux pathologiques qui empoisonnent la vie de leur conjointe par des comportements qui vont au-delà du supportable. Les attitudes de ces écorchés vifs stressent l'entourage et font de la plus aimante des épouses une coupable en quelques minutes. Dans ces cas-là, la suspicion de l'époux se traduit non verbalement : froncement de sourcils au moindre sourire de l'épouse à un inconnu même si celui-ci lui rend sa monnaie, voire au moindre coup d'œil jeté à une publicité pour sous-vêtements masculins. Verbalement non plus, rien ne manque : accusations démesurées, scènes de colère en public, etc. Ces comportements excessifs ont tout lieu de rendre nerveuse l'accusée qui ne pourra qu'adopter un comportement de suspecte ou, pis, de victime. L'exemple que je viens de donner considère un accusateur masculin et une cible féminine, mais il est bien évident que l'inverse est aussi possible et tout aussi néfaste à l'harmonie minimale que chacun est en droit d'attendre de la vie.

LE MENSONGE LE PLUS ODIEUX DE L'HUMANITÉ ?

Prenons un autre exemple, aux conséquences tout aussi lourdes que celles qui mènent à la fabrication d'un suspect, mais qui a conduit cette fois à la mort de millions de personnes : l'ultime mensonge d'Adolf Hitler à Neville Chamberlain, quelques heures avant la Seconde Guerre mondiale. Ce second exemple, *a contrario* du premier, met en présence un personnage qui a montré une trop grande confiance en l'individu qui lui faisait face. Si la suspicion peut entraîner une accusation portée à tort, son absence peut contribuer à des erreurs d'appréciation dramatiques. Cependant, les ressorts de l'erreur d'appréciation trouvent parfois leurs racines dans un déni catégorique de la vérité de la part de la cible du mensonge.

Vengeance, cynisme et mensonge : un exemple tristement célèbre

Nous sommes le 15 septembre 1938, à la veille du mensonge le plus odieux et le plus criminel de l'histoire de l'humanité. L'Allemagne a déjà annexé l'Autriche. Hitler s'apprête à attaquer la Tchécoslovaquie, mais il lui faut encore quelques semaines pour être tout à fait prêt. Face à Chamberlain, venu mener une ultime négociation, Hitler dissimulera ses véritables projets et lui expliquera que, si la Tchécoslovaquie est d'accord pour satisfaire ses exigences, la paix en Europe sera sauve. Chamberlain lui fait confiance et demande aux Tchèques de ne pas se mobiliser tant qu'il reste un espoir de négocier avec Hitler. Quelques jours après leur rencontre, Chamberlain écrit à sa sœur : « (...) Malgré la dureté et la brutalité que j'ai pu lire sur son visage, j'ai eu l'impression de me trouver face à un homme qui tient ses promesses, une fois qu'il a donné sa parole[17]. »
Adolf Hitler, non seulement ne tiendra pas sa parole, mais sera sans doute, et de triste mémoire, le dirigeant le plus fourbe, le plus inquiétant et le plus imprévisible qui fût.

À propos du mensonge, Hitler avait pour lui quelques atouts considérables. Tout d'abord, il était animé d'un grand esprit de vengeance vis-à-vis de l'Europe tout entière. L'enjeu était pour lui de taille, il fallait venger son pays de l'échec de la Première Guerre mondiale.

Il partageait avec assez peu de monde les valeurs qui l'animaient. Même si l'époque n'était pas dépourvue d'antisémitisme, les dirigeants en place des démocraties européennes n'auraient su imaginer la « solution finale » proposée par Hitler. L'effet de surprise était dans ses projets tout à son avantage.

Son caractère d'une extrême rigidité le portait à aller au bout de ses ambitions et à n'importe quel prix.

Cette forte personnalité était enfin doublée d'un très grand contrôle qu'elle parvenait à exercer sur elle-même.

Le délice de la duperie

Un de ses officiers rapporte qu'à l'issu de l'entretien avec Chamberlain – entretien au cours duquel Hitler s'était montré, comme Chamberlain l'a décrit, d'une grande fermeté –, dès que ce dernier eut tourné le dos, Hitler exulta. Il se frappait sur les cuisses en se tordant de rire. Il savourait avec une extrême jubilation le sale tour qu'il venait de jouer à son adversaire et à l'Europe tout entière. L'officier décrit Hitler avec le sentiment étrange de ne plus avoir en face de lui le même homme. La vengeance était son moteur, très performant ; la jouissance de la duperie son carburant. La rage de réussir alimentait tout cela. Son enthousiasme du moment était à peine accessible au commun des mortels tant ses projets étaient fous et connus de lui seul.

La manipulation exercée par Adolf Hitler sur ses adversaires comportait les variables nécessaires à son succès. En premier lieu, l'enjeu pour lui était considérable. Deuxièmement, il n'éprouvait aucun sentiment de culpabilité, il était persuadé d'être le fer de lance de cette meurtrière ironie de l'Histoire et convaincu de son bien-fondé. Éliminer le peuple juif, c'était s'attaquer aux causes du mal. Les économies des pays européens étaient vacillantes et, selon lui, les juifs tenaient les rênes de celles-ci. Le coupable était désigné. Troisièmement, il n'éprouvait qu'une des émotions présentes au cours du mensonge et il s'agit d'une émotion positive, le délice de la duperie. D'autre part, ce personnage semblait posséder une capacité de contrôle considérable sur ses comportements verbaux et non verbaux. C'est sans doute pour cela qu'il a souvent été décrit comme un comédien remarquable et redoutable. Le compte rendu de l'officier est à ce propos très éloquent. Enfin, il ne craignait pas d'être découvert. Pour expliquer ce dernier point, il nous faut considérer son vis-à-vis, Neville Chamberlain. Il est clair que celui-ci accepta de croire Hitler parce qu'il n'avait pas vraiment d'autre choix. S'il admettait que l'Allemagne était sur le point d'envahir toute l'Europe, il admettait aussi son propre échec dans les nombreuses négociations qu'il avait menées avec Hitler. Ainsi, il était désormais seul face aux conséquences de cet échec : être celui qui entraînait son pays, l'Angleterre, vers un désastre.

Les éléments essentiels que sont l'enjeu, le sentiment de culpabilité, le contrôle, l'activation d'émotions positives et négatives permettent à un mensonge de réussir ou le font échouer. Ajoutons à cela la participation active de nos interlocuteurs et nous possédons là tous les ingrédients de la duperie.

Les comportements que vous associez à la tricherie

Les signes que chacun d'entre vous associe au mensonge sont ce que nous appelons les comportements subjectifs du mensonge. Il s'agit d'une part des croyances citées par les sujets expérimentaux : la liste des indices non verbaux et paraverbaux qui leur viennent à l'esprit quand on leur dit un mensonge ; d'autre part, des indices perçus lors de recherches où les sujets sont mis en présence d'un menteur ou d'une personne de bonne foi par l'intermédiaire d'un enregistrement vidéo ou audio. Ces indices perçus sont ceux qui leur ont permis de se déterminer. Ces deux types d'indicateurs sont dits subjectifs parce que ce que vous citez comme comportements asociables au mensonge sont dans bien des cas des stéréotypes. Par ailleurs, ceux que vous relevez et qui vous aident à émettre un jugement dépendent en partie de cette stéréotypie et/ou sont des comportements qui ne sont pas toujours efficaces lorsqu'il s'agit de confondre un menteur. En revanche, les indicateurs que nous comptabilisons effectivement lors de nos observations en laboratoire sont communément appelés comportements objectifs du mensonge.

Deux modèles sont utilisés pour mettre en évidence les comportements subjectifs du mensonge. Lorsqu'il s'agit de lister les croyances à propos de l'attitude générale produite par un menteur, les chercheurs demandent à leur sujet quels sont, selon lui, les comportements qui révèlent un mensonge. Ces données expérimentales sont recueillies grâce à des questionnaires et auprès d'une population étudiante le plus souvent, mais aussi de professionnels intéressés directement par ce phénomène :

des policiers, des douaniers, des personnels de l'administration pénitentiaire ou judiciaire... L'analyse des données permet alors de connaître avec précision les croyances d'une population donnée en matière de comportements non verbaux associés à un acte où la tricherie intentionnelle est manifeste.

Lorsqu'il s'agit de s'intéresser aux comportements perçus par un sujet, les chercheurs placent celui-ci face à un enregistrement vidéo ou audio et lui demandent quels indicateurs il a utilisés pour déterminer la bonne foi ou non de la personne observée. Les données recueillies permettent alors de se faire une idée des signes qui aident à détecter correctement le mensonge et de ceux utilisés par les individus pour se faire une opinion, qu'ils l'aident ou non à se déterminer correctement.

Les comportements non verbaux et paraverbaux : définition et description

Les indices paraverbaux

Ton de la voix : les changements dans la fréquence vocale (en ↑ ou en ↓)*.

Débit verbal : nombre de mots prononcés par le sujet pour un temps déterminé.

Erreurs de discours : mot et/ou phrase répétés, revenir sur une phrase, ne pas terminer une phrase, langue qui « fourche », etc.

Hésitations : « Hum... » « Heu... » « Et... Heu... Et... », etc.

Période de latence : c'est la période de silence entre une question et sa réponse.

Fréquence des pauses : fréquence des périodes silencieuses au cours du discours.

Durée des pauses : la durée de tous les silences pendant le discours.

* En ↑ = en augmentation. En ↓ = en diminution.

Les indicateurs faciaux

Direction du regard : vers l'interlocuteur ou ailleurs.
Sourires : les sourires et les rires du sujet (en nombre et en genre).
Manipulateurs : mouvement où une partie du corps entre en contact avec une autre partie du corps, et en effectuant un mouvement. Ex. : manipulateur facial → (concerne la zone du visage) presser ses lèvres l'une contre l'autre.
Clignement des yeux.
Mouvements de la tête : mouvement de rotation sagittale ou latérale de la tête.

Les indices corporels

Manipulateurs : même définition que précédemment mais concerne le corps (ex. : frotter sa cuisse avec la paume de la main).
Autocontacts : une partie du corps entre en contact avec une autre partie sans qu'il y ait pour autant mouvement (ex. : croiser les mains).
Gestes illustrateurs : tous les gestes que nous faisons avec les mains lorsque nous parlons.
Mouvement des mains et des doigts : les mouvements effectués avec les mains et les doigts (ex. : se triturer les doigts, les gratter).
Mouvement des pieds et des jambes : secouer la jambe, faire faire des moulins aux pieds, etc.
Mouvements du tronc : buste en avant, en arrière.
Changements de position : passer d'une position à une autre (ex. : dos bien calé sur le dossier d'une chaise jambes croisées, mains sur les accoudoirs penché en avant, jambes sous la chaise, mains croisées sur le ventre).

QUELLES CROYANCES ENTRETENEZ-VOUS À PROPOS DU MENSONGE ?

Une soixantaine de recherches réalisées par des scientifiques européens (Angleterre, Allemagne, Pays-Bas) et américains permettent de connaître avec précision vos croyances en matière de comportements paraverbaux (tout ce qui sort de la bouche et qui n'est pas des mots) et non verbaux du mensonge[18].

Les critères indiqués en italique sont ceux qui laissent apparaître des résultats contradictoires : dans certaines études, les sujets penchent pour une augmentation en mensonge de cet indice ; dans d'autres, c'est la diminution qu'ils privilégieront. En tout état de cause, pour le débit verbal, la moitié des études concluent à son augmentation, l'autre moitié à sa diminution. Nous avons par conséquent présenté les deux conclusions.

Croyances et indices paraverbaux du mensonge*

CRITÈRE	MODIFICATION
Hésitation	↑
Erreur de discours	↑
Tonalité aiguë (voix)	↑
Débit verbal	↑ ↓
Période de latence	↑
Durée des pauses	↑
Fréquence des pauses	↑

↑ : en augmentation.
↓ : en diminution.

Les croyances que vous entretenez à propos des comportements paraverbaux susceptibles d'indiquer une tricherie ne sont pas éloignées de la réalité, c'est-à-dire des comportements objectifs du mensonge observés

Les indices paraverbaux... Petit rappel

Nous entendons par hésitation les « heu... », « hum... » qui ponctuent un discours. Les erreurs de discours sont les fautes de mot, un mot utilisé à la place d'un autre, le fait de trébucher sur un mot. La tonalité plus aiguë de la voix est un indicateur fiable de la pression émotionnelle. Sous l'effet d'une émotion positive, notre voix sera plus grave, plus aiguë quand il s'agira d'une émotion négative. Le débit verbal est mesuré à partir du nombre de mots prononcés par un individu pendant l'entretien ou plus généralement pour une minute d'entretien. La période de latence est le temps que l'émetteur met à répondre à une question ou à commencer une phrase sans répondre à une question. Les pauses verbales sont celles qui apparaissent au sein même du discours.

effectivement par les chercheurs (voir comparaison entre les comportements objectifs et subjectifs [croyances] du mensonge, p. 196). Les connaissances de tout un chacun ne sont pas négligeables dans ce domaine. Cependant, il s'agit là, dans une situation de face à face, des indices les plus difficiles à observer parce que nombreux et fugitifs. D'autre part, il est utile de pouvoir émettre une comparaison avec le comportement habituel de l'individu soupçonné, ce qui ne peut être le cas que lorsque vous connaissez bien la personne avec qui vous vous entretenez. Il est des personnes qui émettent naturellement de nombreuses hésitations lorsqu'elles parlent ou qui observent des temps de latence importants avant de s'engager dans une réponse ou une phrase, elles semblent réfléchir plus que la moyenne avant de parler. Ce n'est qu'à condition que la comparaison soit possible que l'indice en question peut être déclaré fiable et digne d'intérêt.

En ce qui concerne les indicateurs non verbaux, nous vous soumettons la tendance majoritaire des résultats cumulés des soixante études. Cependant, les critères en italique ne recueillent également pas l'unanimité des sujets interrogés sur leurs croyances. L'essentiel des recherches conclut à une augmentation ou à une diminution de l'indice en question lors du mensonge – celle présentée –, pendant que d'autres recherches, plus marginales, concluent à un résultat inverse pour le même indice. L'italique, par conséquent, nuance le résultat présenté.

Croyances et indices non verbaux du mensonge

CRITÈRE	MODIFICATION
Fixité du regard	↓
Sourire	↑
Manipulateurs	↑
Gestes illustrateurs	↑
Activité mains/doigts	↑
Activité pieds/jambes	↑
Mouvements du tronc	↑
Mouvements de la tête	↑
Changements de position	↑
Clignement des yeux	↑

↑ : en augmentation.
↓ : en diminution.

Les indices non verbaux... Petit rappel

La fixité du regard s'oppose à l'évitement du regard. Les manipulateurs sont tous ces gestes où une partie du corps entre en contact avec une autre partie : passer la main dans ses cheveux, presser les lèvres l'une contre l'autre, etc. Les gestes illustrateurs sont ceux que nous faisons avec les mains lorsque nous parlons.

• De mauvaises associations

Ces croyances sont celles des professionnels comme de sujets naïfs – des étudiants. L'absence d'information et de formation à ce sujet les met sur un pied d'égalité.

Croyances à propos du mensonge : ce qui attire la suspicion

Globalement, on remarque que tous les comportements qui sont de nature à produire une agitation importante chez la personne observée attirent la suspicion de celui qui l'observe. Les gestes illustrateurs, les mouvements des mains ou le triturage des doigts, les jambes qui s'agitent, les pieds qui effectuent toutes sortes de mouvements de rotation ou de secousse, les nombreuses modifications de la position de l'individu sur sa chaise et les divers mouvements qu'il effectue avec son buste ou sa tête. Cette abondante activité motrice est supposée en forte augmentation au cours du mensonge. L'agitation générale du sujet observé est associée à de la nervosité et par conséquent au stress que génère la tricherie.

Les croyances des personnes interrogées ne sont pas dénuées de tout fondement. Effectivement, on peut constater une décharge non intentionnelle de comportements chez des individus, mais cela ne veut pas dire pour autant qu'il y ait mensonge. La cible semble consciente de ce qu'est la surcharge cognitive et émotionnelle et de ce qu'elle risque d'engendrer pour l'émetteur. Elle sait que, lorsqu'un individu tente de nous duper, il a beaucoup de choses à gérer : ce qu'il faut dire, ce qu'il ne faut surtout pas dire, l'attitude non verbale qu'il faut adopter, les comportements non verbaux qu'il ne faut surtout pas effectuer. Cette volonté de contrôle, dans un contexte où il est difficile de tout contrôler, échappera en partie à l'émetteur. Des décharges comportementales attesteront les failles de cette volonté. Les sujets naïfs comme les professionnels voient dans les comportements présentés dans les tableaux ci-dessus des indices qui révèlent un mensonge.

Parmi ces comportements, il en est un auquel les gens se fient indubitablement pour détecter un menteur : l'évitement du regard.

Petit test entre amis

Si, au cours des jours prochains, vous participez à un repas de famille ou entre amis, vous aurez sans doute à votre disposition une petite dizaine de sujets expérimentaux. Je vous propose de tester la stéréotypie de l'évitement du regard, grâce à une petite expérience. Demandez à chacun des convives de citer spontanément et sans consulter son voisin un comportement qu'il estime typique du mensonge. Vous constaterez sans nul doute que l'évitement du regard est l'indicateur qui vient en premier à l'esprit de la majorité des sujets « naïfs ».

Un menteur serait donc quelqu'un qui ne regarde pas ou peu son interlocuteur dans les yeux. Il semble en effet que le regard se détourne ou se baisse sous l'effet de la honte que peut provoquer le mensonge. Cependant, il s'agit d'un comportement parfaitement contrôlable et la croyance mésestime la capacité du menteur à faire très attention de ne pas se trahir par cet indice puisqu'il sait qu'il fait partie des comportements typiques, à vos yeux, du mensonge. Celui qui a l'intention de vous abuser évite, du mieux qu'il peut, les comportements que vous attendez du menteur et le tour est joué ! Certains ont même l'air plus honnêtes quand ils mentent que lorsqu'ils disent la vérité !

• Le syndrome d'Othello

C'est l'association que vous faites entre les comportements qui indiquent une surcharge cognitive et émotionnelle et le mensonge, qui n'est pas forcément exacte, ainsi que la croyance qu'il existerait des indicateurs spécifiques au mensonge qui vous trompe. Les détecteurs, qui ne faillissent jamais, nous enseignent cela. Les comportements objectifs du mensonge – ceux qui sont effectivement mis en évidence par les recherches – sont sensiblement différents de ceux qui font partie de l'avis général, en ce qui concerne les comportements non verbaux en tout cas. Il ne faut pas commettre la même erreur qu'Othello[19] qui pensait Desdémone infidèle parce que celle-ci, par peur de ne pas être crue, présentait tous les stigmates du mensonge... Il s'agissait d'anxiété, ce qui n'est pas la même chose. Othello a fait subir à Desdémone (qu'il assassina) ce que notre mari jaloux à l'excès de tout à l'heure faisait endurer à sa compagne. Sa suspicion démesurée la stresse tellement que cette dernière, constamment sur la défensive, baisse plus souvent les yeux qu'elle n'ose les lever.

Il ne faut également pas perdre de vue que le seuil de conscience morale est variable en fonction des individus. Il est des personnes qui passent une frontière dans un état de stress épouvantable parce qu'elles ont dans leurs bagages deux ou trois bouteilles d'alcool de plus qu'autorisé. Le fait de transgresser la loi et de risquer d'être découvertes les rend extrêmement nerveuses. D'autres ont sur elles plusieurs kilos de produits stupéfiants sans que leur inquiétude soit visible.

L'erreur d'Othello est souvent commise par les douaniers[20]. Ils fouilleront à coup sûr des personnes qui semblent fébriles sans qu'elles soient pour autant des trafiquants de grande envergure. En outre, n'oublions pas l'influence que peut avoir notre propre comportement sur celui des autres. Si nous sommes nerveux, parce que agacés à l'idée de nous faire abuser, notre interlocuteur, par imitation, le sera également.

QUELS INDICES UTILISEZ-VOUS POUR ADMETTRE QU'UNE PERSONNE MENT ?

Il s'agit là de ce que nous appelons les comportements perçus, c'est-à-dire ceux dont les sujets expérimentaux constatent la présence effective et qu'ils utilisent pour se déterminer lorsqu'ils sont en position de détecteur.

Dans ce cas de figure, vous n'utilisez pas forcément les comportements que vous citez comme typiques du mensonge. Deux raisons à cela : d'une part, il arrive que vous ne rencontriez pas ce type de comportements, d'autre part, on ne sait pas encore très bien si vous êtes conscient d'utiliser tel indice plutôt que tel autre pour vous déterminer. Cependant, il existe tout de même une corrélation positive entre comportements perçus et croyances, c'est-à-dire que les comportements que vous utilisez pour vous déterminer sont partiellement ceux auxquels vous croyez, mais ne sont pas forcément les plus efficaces.

Là aussi, les stéréotypes jouent un rôle. De manière un peu caricaturale, vous ne percevez que ce que vous souhaitez percevoir, ce que vous attendez d'un menteur. Vous vous attachez à dénicher, parfois coûte que coûte, les comportements qui font partie de votre représentation du menteur afin d'émettre une conclusion.

Comportements perçus et mensonge : indices paraverbaux

CRITÈRE	MODIFICATION
Tonalité aiguë (voix)	↑
Hésitations	↑
Erreurs de discours	↑
Débit verbal lent	↑
Période de latence	↑
Durée des pauses	↑
Fréquence des pauses	↑

↑ : en augmentation.

L'ambiguïté qui apparaissait à propos du débit verbal – certains le pensaient en augmentation, d'autres en diminution – n'existe plus lorsque vous êtes en situation de décoder réellement le mensonge. Un accord sur son augmentation voit le jour.

Par ailleurs, les comportements non verbaux que vous cherchez à observer pour vous déterminer sont les mêmes que ceux auxquels vous croyez. Il y a une concordance entre vos croyances et votre attitude lorsque vous êtes en position de détecteur (*cf.* comparaison entre les croyances et les comportements perçus, p. 194) – ce qui ne vous aide pas dans votre tâche puisque vous n'êtes pas très performant dans cet exercice. Peu de personnes parviennent à discriminer les menteurs des personnes de bonne foi (moins que la chance ne l'aurait fait, c'est-à-dire moins de la moitié).

Comportements perçus et mensonge : les signes non verbaux

CRITÈRE	MODIFICATION
Évitement du regard	↑
Sourire	↑
Manipulateurs	↑
Gestes illustrateurs	↑
Activité mains/doigts	↑
Activité pieds/jambes	↑
Mouvements du tronc	↑
Mouvements de la tête	↑
Changements de position	↑
Clignement des yeux	↑

↑ : en augmentation.

Les comportements que nous observons réellement chez les menteurs

Ces comportements, appelés comportements objectifs, sont ceux qui sont relevés par les chercheurs qui décryptent, image par image, des enregistrements vidéo où l'on voit des menteurs à l'œuvre. Dans la plupart des cas, les investigateurs utilisent le FACS pour comptabiliser chacun des critères issus du visage du sujet et comptent, en nombre et en durée, les autres comportements pour lesquels une définition précise est admise. Des appareillages spécifiques mesurent la tonalité de la voix (fréquence fondamentale, etc.). Dans tous les cas, les chercheurs utilisent la méthode des juges. Plusieurs personnes cotent individuellement les critères qu'elles voient apparaître à partir de définitions précises et qui sont les mêmes pour tout le monde. Les apparitions de comportements sont ainsi comptabilisées et font l'objet d'un accord interjuges qui doit être supérieur à 80 % pour que le critère soit admis comme effectivement présent.

Critères objectifs du mensonge :
indices paraverbaux

CRITÈRE	MODIFICATION
Tonalité aiguë	↑
Hésitations de discours	↑
Erreurs de discours	↑
Débit verbal lent	↑
Période de latence	–
Durée des pauses	↑
Fréquence des pauses	–

↑ : augmentation du critère au moment du mensonge.
↓ : diminution du critère au moment du mensonge.
– : critère qui ne présente aucune différence en mensonge.

Il existe un relatif recoupement entre les critères subjectifs et objectifs du mensonge pour ce qui concerne l'aspect paraverbal. Ce qui signifie que les sujets naïfs sont assez bien informés de ce type d'indices, de ce qu'il faut s'attacher à observer avec attention lorsque l'on souhaite confondre un menteur ou juger de la sincérité d'une personne de ce point de vue.

Signalons toutefois que vous pensez qu'une augmentation des périodes de latence et de la fréquence des pauses révèle un mensonge, alors que les recherches ne voient pas ces critères se modifier sous l'effet de la tricherie. Vous tenez compte de plus de critères que ceux qui sont pertinents.

Critères objectifs du mensonge : indices non verbaux

CRITÈRE	MODIFICATION
Évitement du regard	–
Sourire	–
Clignement des yeux	–
Gestes illustrateurs	↓
Autocontacts	–
Mouvements des mains et des doigts	↓
Mouvements des pieds et des jambes	↓
Mouvements de la tête	–
Mouvements du tronc	–
Changements de position	–

↑ : augmentation du critère au moment du mensonge.
↓ : diminution du critère au moment du mensonge.
– : critère qui ne présente aucune différence en mensonge.

Pour ce qui est des indices non verbaux, là vous avez tout faux ! Vous estimez que certains critères se modifient sous l'effet du mensonge, ce qui n'est pas le cas pour l'évitement du regard par exemple. Et lorsque vous avez raison, lorsqu'il existe effectivement une modification d'un de ces critères, vous penchez pour une augmentation de celui-ci alors qu'il diminue – c'est le cas des gestes illustrateurs et de l'activité produite par les extrémités, mains, doigts, pieds, jambes. Cela est valable quelle que soit la situation, que l'on vous interroge sur les comportements que vous associez au mensonge ou que vous soyez en situation de détection. Bref ! vous commettez l'erreur d'Othello et plutôt deux fois qu'une. Vous recherchez tous les comportements qui attestent une certaine nervosité, vous les surestimez et les prenez tous pour révélateurs d'un mensonge puis vous les trouvez alors qu'ils n'existent pas, qu'ils n'apparaissent pas en plus grand nombre lorsque les sujets émetteurs mentent. Un bémol toutefois en ce qui concerne les gestes illustrateurs. L'une de nos recherches laisse apparaître une différence notable lorsque l'on compare une population masculine et une population féminine. Les femmes dans notre étude ne produisent plus aucun geste illustrateur lorsqu'elles mentent tandis que les hommes en produisent significativement plus dans la même situation, comparée à celle au cours de laquelle ils disent la vérité[21].

Les procédures expérimentales que nous utilisons nous autorisent à émettre ces conclusions. Lorsque des sujets menteurs ou de bonne foi sont soumis à votre jugement, nous avons auparavant effectué des mesures qui nous permettent de savoir quel comportement plutôt que tel autre s'est vu modifié en nombre, en nature ou en durée lorsque les menteurs sont à l'œuvre. Ensuite, nous comparons nos propres résultats avec les vôtres et constatons que, lorsque vous vous basez sur l'augmentation d'un critère, vous vous trompez puisque cette augmentation n'est pas effective. Enfin, si l'on compare ces erreurs d'appréciation avec vos croyances, on constate qu'il y a un recoupement de celles-ci. Vos stéréotypes polluent votre jugement.

Comparaison entre les croyances à propos du mensonge et les comportements perçus

Croyances et indicateurs non verbaux

CRITÈRE	MODIFICATION
Fixité du regard	↓
Sourire	↑
Manipulateurs	↑
Gestes illustrateurs	↑
Activité mains/doigts	↑
Activité pieds/jambes	↑
Mouvements du tronc	↑
Mouvements de la tête	↑
Changements de position	↑
Clignement des yeux	↑

Croyances et indicateurs paraverbaux

CRITÈRE	MODIFICATION
Hésitation	↑
Erreur de discours	↑
Tonalité aiguë (voix)	↑
Débit verbal	↑ ↓
Période de latence	↑
Durée des pauses	↑
Fréquences des pauses	↑

Comportements perçus et indicateurs non verbaux

CRITÈRE	MODIFICATION
Évitement du regard	↑
Sourire	↑
Manipulateurs	↑
Gestes illustrateurs	↑
Activité mains/doigts	↑
Activité pieds/jambes	↑
Mouvements du tronc	↑
Mouvements de la tête	↑
Changements de position	↑
Clignement des yeux	↑

Comportements perçus et indicateurs paraverbaux

INDICATEURS SUBJECTIFS	MODIFICATION
Tonalité aiguë (voix)	↑
Hésitations	↑
Erreurs de discours	↑
Débit verbal lent	↑
Période de latence	↑
Durée des pauses	↑
Fréquence des pauses	↑

Comparaison entre les comportements objectifs et subjectifs (croyances) du mensonge

Critères objectifs du mensonge : indicateurs non verbaux

CRITÈRE	MODIFICATION
Évitement du regard	–
Sourire	–
Clignement des yeux	–
Gestes illustrateurs	↓
Autocontacts	–
Mouvements des mains et des doigts	↓
Mouvements des pieds et des jambes	↓
Mouvements de la tête	–
Mouvements du tronc	–
Changements de position	–

Critères objectifs du mensonge : indicateurs paraverbaux

INDICATEURS SUBJECTIFS	MODIFICATION
Tonalité aiguë	↑
Hésitations de discours	↑
Erreurs de discours	↑
Débit verbal lent	↑
Période de latence	–
Durée des pauses	↑
Fréquence des pauses	–

Critères subjectifs et indicateurs non verbaux du mensonge

CRITÈRE	MODIFICATION
Fixité du regard	↓
Sourire	↑
Manipulateurs	↑
Gestes illustrateurs	↑
Activités mains/doigts	↑
Activités pieds/jambes	↑
Mouvements du tronc	↑
Mouvements de la tête	↑
Changements de position	↑
Clignement des yeux	↑

Critères subjectifs et indicateurs paraverbaux du mensonge

CRITÈRE	MODIFICATION
Hésitation	↑
Erreur de discours	↑
Tonalité aiguë (voix)	↑
Débit verbal	↑ ↓
Période de latence	↑
Durée des pauses	↑
Fréquences des pauses	↑

De la difficulté à distinguer les effets du mensonge

L'image du « menteur type » que vous avez dans la tête empoisonne vos opinions mais, par ailleurs, vous ne faites pas le tri entre les indices révélateurs de gêne et d'embarras et les indices du mensonge. Rien d'étonnant à cela puisque cette tâche est particulièrement ardue, y compris pour les chercheurs que nous sommes ! Elle est très malaisée dans la mesure où il n'existe pas de grille d'observation qui pourrait nous permettre de dire que tel type de comportement est à rapprocher de tel état, c'est-à-dire une espèce de dictionnaire du comportement non verbal dans lequel nous trouverions l'émotion ou l'état que nous pourrions inférer avec justesse à partir d'un comportement ou d'un groupe de comportements. Par exemple, lorsque le sujet se triture les doigts, c'est qu'il est anxieux, lorsqu'il agite ses jambes, c'est qu'il réfléchit, etc. De nombreux « marchands » vendent ce type de glossaire, mais rien de sérieux ne leur permet de prouver ce qu'ils avancent et ce qu'ils avancent donne une idée totalement erronée de la réalité. La recherche bénéficiera cependant sous peu des apports considérables de la technologie. Désormais, on observe facilement quelles zones de notre cerveau s'activent sous l'effet d'un facteur quelconque. L'imagerie par résonance magnétique fonctionnelle (IRMf), la tomographie par émission de positons (TEP) nous permettent de visualiser les aires de notre cerveau en action : quels centres s'agitent lorsque l'on effectue une opération mathématique, lorsque l'on regarde quelque chose d'agréable, lorsque l'on ment, etc.[22]. Il est clair que de telles avancées permettront de faire de rapides progrès sur les émotions et leurs conséquences comportementales. Mais nous n'en sommes pas là et pour l'heure nous disposons, ce qui n'est pas rien tout de même, des résultats de nos recherches en laboratoire et de ce qu'elles mettent en évidence.

Ultime remarque à propos de cette difficulté que nous avons à dissocier les états d'anxiété entre eux : il me semble nécessaire et important d'admettre que les comportements d'un individu se situent sur un continuum. À un bout de l'échelle, il y a l'anxiété forte et ses corollaires comportementaux, à l'autre bout, une faible anxiété et ses corollaires comportementaux. Selon le contexte, l'individu se place sur un des points de ce continuum. La forte anxiété ne se traduira pas forcément par une décharge importante de comportements. Il se peut même qu'elle les inhibe et c'est le cas pour le mensonge. Cependant sous des airs d'apparente tranquillité due à une puissante tentative de contrôle, le sujet laissera échapper des indices, souvent sous forme de décharges comportementales sporadiques et fugitives. L'espace de quelques instants, une à deux secondes, l'émetteur anxieux clignera abondamment des yeux, déglutira et se grattera la gorge deux ou trois fois, exercera une forte pression de la main sur sa cuisse, agitera un de ses pieds en tous sens et cessera d'illustrer son discours avec les mains. Ces rafales de comportements attestent la forte anxiété à laquelle l'individu est en proie mais surtout une faille du contrôle qu'il parvient à exercer avec bonheur le reste du temps que dure l'interaction. Elles sont soudaines et disparaissent comme elles sont apparues. En outre, en un temps extrêmement bref, l'émetteur présentera une multitude de comportements différents et provenant de différents lieux de son anatomie – visage, main, pied, voix, etc. Il est évident qu'un œil non averti et/ou non attentif ne les remarquera pas...

Chapitre VII

COMMENT DÉTECTER EFFICACEMENT UN MENTEUR

> « Le plus beau des mensonges : faire croire à quelqu'un qui vous ment qu'on le croit. »
>
> Sacha GUITRY,
> *Toutes réflexions faites.*

La citation qui précède nous rappelle qu'il peut être délicieux d'être la cible du mensonge. Laisser penser à un menteur qu'on le croit offre de multiples avantages. Cela permet de contempler l'acrobate en plein exploit, de voir de quelle façon il va s'y prendre verbalement, de quelle façon il va se comporter. S'il s'agit d'une personne que nous connaissons bien, cela nous laisse tout loisir de repérer ses tics, ses particularités en pareil cas, la marque de fabrique de ses mensonges, la petite tache rose à la naissance du cou si elle existe[1]... À cette occasion, nous pouvons aussi en apprendre un peu plus sur nous-même. Être la cible d'un mensonge n'est pas une position commode lorsqu'il est nécessaire de le détecter, et ce pour plusieurs raisons.

Un repérage délicat

Tout d'abord, les stéréotypes à propos du mensonge handicapent la juste perception de celui-ci. Non, les menteurs ne détournent pas le regard, ne bégaient pas, ne butent pas sur les mots et ne présentent pas de signes de nervosité puisque les personnes qui disent la vérité le font aussi. Certes, il arrive parfois que des menteurs adoptent ce type de comportements, mais ce n'est pas à partir de ces indices-là qu'il convient d'asseoir un jugement. Si vous souhaitez améliorer vos capacités à détecter correctement les menteurs, vous devez impérativement extirper ces *a priori* de votre esprit.

Une autre raison qui fait de vous un piètre chasseur de mensonge, c'est votre trop grande confiance dans l'idée que la majorité des messages que vous recevez seraient sincères. Effectivement, nous ne pouvons passer notre vie à douter de tout et de tous. Cependant, il faut bien admettre que le mensonge est omniprésent dans notre vie, que nous en soyons les émetteurs ou les cibles. Nous mentons en moyenne deux fois par jour. Certes, il s'agit la plupart du temps de petits mensonges sans importance, disons-nous, ce qui d'ailleurs n'est pas si évident que cela. Quoi qu'il en soit, il est essentiel pour la suite de ne pas perdre de vue le fait que nous émettons, recevons ou assistons à l'émission de messages mensongers quotidiennement. Estimer les messages comme véridiques, sans trop se poser de questions, n'est pas très gênant en soi, mais le premier effet produit est que vous n'êtes pas habitué à décoder et à observer le mensonge, puisque vous ne pensez jamais le rencontrer.

Enfin, il y a la nature du mensonge. Un mensonge anodin sera rarement détecté par la cible, ou en tout cas le menteur ne sera jamais pris en défaut. Il ne viendrait à l'idée de personne de prendre le risque de vexer quelqu'un pour une peccadille. Cependant, les personnes présentes dans ces moments-là peuvent avantageusement observer les menteurs au travail. Ce sont de petits mensonges sans importance pour l'émetteur comme pour la cible. Ils ne nécessitent pas d'effort cognitif particulier, ne provoquent pas d'émotions, donc laissent peu de traces. Ils sont par conséquent difficilement décelables, totalement indétectables, disent certains.

Entre le menteur et sa cible, qui a le plus de chance de gagner ?

Toutefois, il n'existe pas de mensonge complètement innocent[2], même les plus anodins ne sont pas dénués de stigmates. Un compliment sincèrement ressenti par son émetteur ne ressemble pas à un compliment émis par flatterie, par convenance. Le regard du flatteur, les mots choisis et les inflexions de sa voix ne sont pas les mêmes. Ces mensonges ne sont pas totalement innocents dans la mesure où ils ont pour objectif de faire plaisir à la personne à qui ils sont adressés. En cela ce sont des mensonges positifs et leurs émetteurs seraient en droit de vous trouver bien ingrats de leur en faire reproche. Mais il s'agit de mensonges tout de même. Certes, dans la vie de tous les jours, nous ne pouvons guère nous présenter comme suspicieux. Nous ne pouvons passer notre temps à douter de tout ce qui nous est dit et de tous nos interlocuteurs. Et après tout, si on observe le véritable rapport de force entre l'émetteur du mensonge et son détecteur, peut-être n'est-ce pas nécessaire.

L'IMPUISSANCE RELATIVE DE L'ÉMETTEUR

Notre condition humaine nous accoutume à être très attentif au discours. Cette noble distinction d'avec la condition animale devient pourtant un handicap dans certaines circonstances. Notre culture cartésienne minimise le rôle des émotions. Émotion et raison ne feraient pas bon ménage si l'on en croit Descartes, mais cette idée a fait long feu. Nous nous doutions bien que cette assertion était en partie inexacte, et Antonio Damasio en a fait la démonstration. Sans les émotions, nos cognitions ne servent à rien et peuvent nous conduire à la catastrophe. Elles tourneraient à vide et seraient inappropriées. Les opérations mentales (cognitions) que nous effectuons pour réfléchir, se souvenir, travailler, etc., se sentiraient bien seules si elles n'étaient au service que de calculs de toutes sortes. Émotion et cognition fonctionnent en étroite synergie pour composer la personnalité humaine, « l'émotion est le joint entre l'âme et le corps[3] ».

Nos décisions quotidiennes dépendent pareillement de réactions émotionnelles[4]. L'histoire de chacun d'entre nous est une succession de moments où réflexion et émotions sont intimement liées. La cognition, dont le langage fait partie, est au service de nos émotions et réciproquement[5]. Une trop grande focalisation sur le langage, sur ce qui est dit par autrui, nous rend boiteux sur le plan relationnel. Nous omettons ainsi la seconde moitié de la nature humaine et, de fait, nous ne l'observons pas et ne nous servons que rarement des effets qu'elle produit sur nous. Elle nous est pourtant d'un précieux secours lorsque nous avons des doutes sur la sincérité d'un interlocuteur.

Nous avons besoin de nos émotions pour conduire notre vie

Phineas Gage, solide travailleur de la Nouvelle-Angleterre du XIXe siècle, est victime d'un spectaculaire accident. Une barre de fer pénètre sa joue gauche, lui traverse le visage et sort de l'autre côté, en haut du crâne. Gage est abasourdi mais conscient : il parle, marche et n'a perdu l'usage d'aucune fonction vitale. La constitution robuste du jeune homme et les soins attentifs d'un médecin permettent à Gage de se rétablir totalement en deux mois. Totalement n'est exact que sur le plan physique. Le trou béant laissé par la barre de fer est en bonne voie de cicatrisation mais le caractère, les goûts, les antipathies, les rêves et les ambitions de Gage changent du tout au tout. Cet homme courageux, responsable d'équipe et très apprécié devint rapidement un marginal grossier et rejeté par tous. « C'était une nouvelle âme qui l'habitait[6]. » La barre de fer, en détériorant une partie de la matière grise du cerveau de Gage, avait endommagé les lobes préfrontaux où résident les émotions. Privé de celles-ci, l'homme devint totalement inadapté au travail, incapable de relations sociales, amicales et amoureuses harmonieuses[7].

Lorsque les chercheurs se penchent sur ce qui permet ou empêche de détecter correctement un menteur, ils ont face à eux un champ de recherche considérable, mais ce qu'ils constatent en premier lieu, c'est qu'il existe une hiérarchie informative des signes non verbaux observables. Tenir compte de cette hiérarchie informative, c'est considérer la relative impuissance de l'émetteur du mensonge à tout contrôler.

DES SIGNES NON VERBAUX PLUS UTILES QUE D'AUTRES

Pour en savoir plus sur les capacités de chacun à détecter le mensonge, on procède de la manière suivante. Le sujet est placé devant un téléviseur ou à côté d'un magnétophone. Il écoute ou voit, ou les deux en même temps, une personne en conversation. Lorsque la bande a fini de défiler, on demande au détecteur de se prononcer : « Est-ce que cette personne dit la vérité ? », « Est-ce que cette personne ment ? » Le sujet répond par oui ou par non à chacune des questions.

Ce dispositif général présente des variantes en fonction des hypothèses du chercheur. Ces différentes versions nous permettent de choisir de vous présenter un canal (visage, voix...) plutôt qu'un autre, une modalité (audio, vidéo...) plutôt qu'une autre. On ne vous donne accès qu'au visage de l'émetteur ou aux éléments corporels (vous ne voyez pas son visage), ou encore à sa voix, son discours est filtré et vous n'entendez que le ton de la voix. D'autre part, le chercheur choisit une modalité : la modalité audio vous permet d'entendre ce que dit l'émetteur (discours filtré ou non), la modalité vidéo vous permet de voir l'émetteur ; il arrive que vous puissiez voir et entendre le locuteur (modalité audio + vidéo) ou lire un compte rendu fidèle de ce qu'il a dit (transcription écrite).

Les résultats de ce type d'expérience nous autorisent à conclure qu'il existe une hiérarchie informative des signaux. La voix permet d'obtenir une meilleure détection que le corps et que le visage. En ce qui concerne les modalités, c'est la transcription écrite qui aide le plus le décodeur dans sa tâche. Vient ensuite la vidéo seule, puis l'audio, enfin l'audio plus la vidéo.

Hiérarchie informative des différents canaux et modalités

Canaux
Voix
Corps
Visage

Modalités
Transcription
Vidéo
Audio
Audio + Vidéo

Du plus informatif au moins informatif.

Toutefois, en déduire que, pour détecter un menteur, il suffit de n'écouter que le ton de sa voix sans prêter attention à son visage serait trop simpliste. Dans la vie courante, il ne faut en aucun cas exclure les autres canaux qui nous apportent des informations complémentaires et parfois essentielles.

Le visage, bien qu'il soit le meilleur menteur non verbal, émet des micro-expressions. Si éphémères soient-elles, elles sont extrêmement informatives puisqu'elles attestent la présence d'une émotion que l'émetteur fait tout pour dissimuler, avec succès du reste puisque ces expressions ne sont pas détectables sans entraînement. S'il s'avère qu'éprouver l'émotion x à un moment précis de la conversation est assez incongru et injustifié, on pourra raisonnablement penser que l'individu tente de cacher quelque chose.

Le visage laisse apparaître peu d'indices tandis que le corps, négligé par son propriétaire, bénéficie d'un relatif relâchement ; quant à la voix, elle est presque incontrôlable et particulièrement révélatrice. Par conséquent, vous serez plus facilement trompé par un menteur si vous n'observez que son visage, dont les signaux sont en général bien contrôlés. Si vous focalisez votre attention sur le ton de la voix ou sur les mouvements du corps, essentiellement les bras et les jambes, vous serez plus performant[8].

L'EFFICACITÉ RELATIVE DU DÉTECTEUR

Globalement, les sujets expérimentaux détectent à peu près correctement la vérité mais sont moins efficaces lorsqu'il s'agit du mensonge. Ces juges ont tendance à considérer les messages comme plus véridiques, qu'ils le soient ou non. Entre 57 % et 67 % d'entre eux ne se trompent pas lorsqu'il s'agit de détecter un message honnête. En revanche, lorsqu'il s'agit de détecter des messages mensongers, ils sont efficaces à hauteur de 50 % en moyenne.

DÉTECTION EN LABORATOIRE, DÉTECTION DANS DES CONTEXTES PROFESSIONNELS

Certains d'entre vous pensent peut-être que les conclusions que nous émettons, par conséquent ce que nous tenons pour vrai, sont soumises à caution parce que observées dans un laboratoire où régnerait une certaine « artificialité ». Il est incontestable qu'il existe une différence entre ce qui se passe dans une salle de recherche et la vie courante. Ce qui ne signifie pas qu'une situation soit plus aisée que l'autre. Chacune d'elles comporte des avantages et des inconvénients, les observations peuvent être comparées et associées parce que complémentaires et non opposables.

Tout d'abord, le laboratoire met en présence des menteurs qui sont « forcés » à mentir et pour qui l'enjeu est faible. Il en est de même pour les détecteurs. Toutefois, des dispositifs expérimentaux s'attachent à instiller un enjeu afin que ceux-ci ressemblent au mieux à des situations de la vie courante. Un de nos dispositifs avait permis cela[9]. Nos sujets passaient devant un auditoire auquel ils devaient raconter deux fois leur vie, une fois en disant la vérité, une autre fois en mentant. Le défi consistait à duper ce jury. Nous savons que les émotions mises en route au cours du mensonge ainsi que la difficulté cognitive provoquée par le fait d'avoir à mentir induisent chez l'individu quelques désagréments, notamment dévoiler des indices qu'il aurait souhaité cacher. Bon nombre de nos sujets se trouvèrent dans cette situation : certains commencèrent leur récit par « Alors... ma vraie vie... » puis, quelques minutes plus tard, « Alors ma fausse vie... » sans s'en apercevoir. Le challenge proposé à nos sujets expérimentaux était suffisamment fort pour que le trouble ainsi créé leur fasse révéler ce qui ne devait pas l'être.

Le deuxième écueil en laboratoire, et il concerne le détecteur, consiste à n'avoir que très peu de temps à sa disposition pour scruter un émetteur. L'observation dure une minute tout au plus et le délai imparti au sujet pour faire un choix est d'environ dix secondes. Le décodeur n'a pas la possibilité de voir ou d'entendre l'enregistrement une seconde fois. Cela étant, dans des situations professionnelles telles que les interrogatoires de police, le menteur ne s'étend pas. La situation est mensongère, mais le moment précis où le suspect mentira est extrêmement court. La situation de laboratoire n'est par conséquent pas si irréaliste que ça[10]. D'autant que des expériences de détection réalisées « en direct » ne semblent pas permettre de meilleurs résultats[11].

Un des objectifs de la psychologie du mensonge est de permettre aux professionnels concernés de disposer d'informations fiables à ce sujet. Nous savons que le circuit vidéo offre de nombreux avantages lors des procédures d'interrogation de témoins ou de suspects. Il n'est par conséquent pas absurde de mener nos recherches de cette manière : les détecteurs ne voient les émetteurs que sur un support enregistré. Interviewer quelqu'un n'est pas un avantage, cela nuit à l'observation puisque le tête-à-tête nécessite une concentration sur l'entretien lui-même. Les ressources cognitives ne peuvent être en même temps au four et au moulin. L'observation par vidéo offre un autre bénéfice : on peut regarder le sujet de la tête aux pieds sans que cela soit inconvenant et gênant.

Le fait d'être « forcé » à mentir peut s'avérer pour certaines personnes une tâche difficile à réaliser. Je vous rappelle que nos sujets sont choisis au hasard, de manière aléatoire, le plus souvent dans les couloirs des universités ou dans les amphithéâtres. Ils sont tous volontaires, mais ne connaissent pas à l'avance l'objet de la recherche à laquelle ils participent. Cette difficulté à mentir que peuvent éprouver certains rendra leurs mensonges plus facilement détectables. Cependant, ils possèdent un avantage sur les menteurs de la vie courante : ils ont le temps de préparer leurs mensonges, parfois même plusieurs jours[12]. En ce qui concerne les détecteurs, c'est sensiblement la même chose. Ils savent à l'avance que la personne qu'ils vont avoir à observer risque de mentir. Ils sont donc beaucoup plus en alerte que nous ne pouvons l'être au quotidien, et ne seront pas pris au dépourvu comme c'est le cas en dehors de nos laboratoires. Dans la vie de tous les jours, lorsque le doute s'installe en ce qui concerne la sincérité des propos et des attitudes d'un interlocuteur, il est souvent trop tard et l'on ne peut pas remettre la bande à zéro pour regarder de nouveau l'interaction. De plus, nous estimons que la plupart des interactions que nous vivons sont sincères. Malheureusement, on constate que le fait que vous soyez en alerte n'augmente pas pour autant vos capacités de détection[13]. Encore faut-il que vous soyez instruit de ce qu'il faut observer chez vos vis-à-vis pour tenter de les démasquer lorsqu'ils mentent[14].

Les sujets émetteurs sont, dans la grande majorité des cas, des inconnus pour le décodeur. Cette difficulté supplémentaire du laboratoire rendra la tâche plus complexe que dans la vie de tous les jours, où nous sommes rarement amenés à nous demander si un parfait inconnu ment. Par contre, elle se rapproche de certaines situations professionnelles – les policiers ne connaissent en général pas les personnes qu'ils interrogent.

Seulement huit études permettent d'asseoir des comparaisons entre des étudiants, sujets expérimentaux privilégiés des chercheurs, et des professionnels de la détection du mensonge, policiers, douaniers, etc.[15]. Ces recherches montrent que les professionnels ne sont pas plus efficaces que les étudiants lorsqu'il s'agit de détecter un menteur. L'une d'entre elles avance cependant une distinction. Elle prend comme sujets des agents des services secrets de la CIA et du FBI, et des personnes du grand public[16]. Seuls les premiers obtiennent des scores très honorables : 53 % d'entre eux accèdent à un taux de réussite de 70 %, et 29 % d'entre eux ne sont pas dupés par les menteurs dans 80 % des cas. En dehors de ces scores remarquables obtenus par des professionnels très entraînés, on s'aperçoit que trop de confiance nuit ! Les policiers, qu'ils soient américains, allemands ou britanniques, sont plus confiants dans leurs jugements et pourtant ils ne sont pas meilleurs que les autres. Dans certaines études, ils le sont même moins. Sans l'avoir confirmé expérimentalement, nous constatons aussi en France une confiance importante de la part des policiers dans leurs jugements[17]. Cet excès de confiance a pour effet de diminuer leur attention et les incite à prendre des décisions trop rapidement[18]. Ils sont eux aussi presque tous convaincus qu'un menteur a le regard qui fuit et qu'il bégaie. D'autre part, les scores des inspecteurs de police ne sont pas supérieurs à la chance parce qu'ils traitent tous les indices de la même manière. Parmi les personnes qu'ils ont à juger, un certain nombre de menteurs effectuent de nombreux mouvements de doigts. Les policiers étalonnent leurs jugements à partir de cet indice, comme je l'ai vu faire par certains de mes sujets détecteurs, des étudiants[19], c'est-à-dire qu'ils s'attachent à ces mouvements, en comparant les émetteurs entre eux, ce qui leur fait prendre beaucoup de mauvaises décisions. Nous avons vu comment, dans ces contextes professionnels, on « fabrique » un suspect. Nous savons désormais qu'un indice présent au cours d'un mensonge peut aussi l'être chez une personne de bonne foi et qu'il n'existe pas de profil type du menteur ni d'étalonnage possible. Ce qui permet à un détecteur d'être efficace, c'est une analyse au cas par cas, en considérant néanmoins les connaissances que nous possédons du comportement non verbal et en particulier du comportement mensonger.

Un dernier inconvénient du laboratoire consiste en ce que nos sujets expérimentaux ne savent en général pas s'ils ont réussi ou échoué dans leur tâche de détection. Dans une de nos recherches toutefois[20], nous donnions systématiquement à chaque sujet son résultat au test afin d'augmenter sa motivation. Dans des situations professionnelles, c'est plutôt un faux *feed-back* qui est fourni. Les chiffres que dévoile par exemple la hiérarchie douanière à l'ensemble du personnel disent en substance ceci : « Cette année, vous avez interpellé X personnes qui cherchaient à frauder », mais ils ne disent pas : « Cette année, vous avez interpellé X personnes qui ne cherchaient pas à frauder », ni : « Cette année, vous n'avez pas interpellé X personnes qui cherchaient à frauder[21]. » Par conséquent, cette comptabilité ne signifie pas grand-chose au regard de leurs capacités à détecter un fraudeur, autrement dit un menteur.

Un *feed-back* efficace à propos du mensonge

Des scientifiques anglais établissent un constat tout à fait saillant à propos de l'intérêt du *feed-back,* à condition que celui-ci soit exact, ce qui le rend efficace[22].
On propose un questionnaire à plusieurs populations différentes, des étudiants, des officiers de la douane, des gardiens de prison, des officiers de police en uniforme, des inspecteurs de police (en civil), des prisonniers. Ce questionnaire est une longue liste de propositions soumises à l'appréciation du sujet : « Pensez-vous qu'il existe une relation entre mensonge et évitement du regard ? », « Pensez-vous qu'il existe une relation entre de nombreux mouvements de mains et mensonge ? », etc. On constate que la population qui entretient les croyances les plus justes sur la relation qui existe entre un comportement donné et le mensonge, ce sont les prisonniers. Ces personnes ne sont que très peu

sensibles aux stéréotypes et connaissent la valeur des indicateurs, la hiérarchie informative des signaux n'a pas de secrets pour eux.
Il est clair que les délinquants de tous ordres bénéficient d'un bon entraînement à ce sujet ainsi que d'un *feed-back* adéquat qui leur permet de renforcer leurs connaissances. Pour un criminel, qui croire ou ne pas croire est vital, tant au sein de l'univers carcéral qu'à l'extérieur, l'enjeu est considérable. S'adapter à l'environnement de la prison afin de s'en sortir au mieux nécessite un comportement approprié. C'est aussi vrai dans le milieu du grand banditisme[23].

TRAITS DE PERSONNALITÉ, CHOIX VESTIMENTAIRES, LOGORRHÉE DE L'ÉMETTEUR… ET DÉTECTION

L'anxiété sociale et la conscience de l'effet que l'on produit sur un public sont les deux traits que mesurent les chercheurs avant de faire mentir leurs sujets expérimentaux et afin d'en tester l'effet sur des récepteurs. Les individus qui vivent une grosse anxiété permanente doublée d'une maigre conscience de l'effet produit en public sont jugés plus menteurs que les autres par des inspecteurs de police[24]. Nous avons vu que les pauvres introvertis, parce qu'ils sont des « anxieux sociaux », sont plus nerveux que les extravertis et jugés moins crédibles que ces derniers. Les policiers ne semblent également pas instruits aux effets de la formation d'impression, aux ressorts de l'influence sociale et à ceux de la persuasion. Pour poursuivre sur ce sujet, notons que la mise des sujets aura aussi un effet sur le jugement émis par les policiers. Les personnes élégantes seront vues moins menteuses que celles qui ne le sont pas[25]. Quant aux personnes plus coopératives, c'est-à-dire celles qui répondent facilement et longtemps aux questions qui leur sont posées pendant l'interview, elles seront également perçues comme plus honnêtes que celles qui donnent des réponses courtes[26]. Ce qui est inquiétant, c'est que des policiers puissent être aussi sensibles aux signes extérieurs, développés par des individus dont une des spécialités consiste à manipuler la présentation de soi.

DÉTECTION ET FAMILIARITÉ

La familiarité augmente la justesse de détection[27, 28, 29]. On entend ici par familiarité le fait de s'être habitué aux comportements de l'individu que l'on aura à juger plus tard. Cette accoutumance au comportement non verbal se fait grâce à un entretien de base au cours duquel on voit l'émetteur. Lorsque les sujets n'ont pas accès à cette familiarité, leur taux de réussite est de 56 %. Lorsqu'ils sont familiarisés, les scores corrects atteignent 72 %. Cependant, d'autres expériences ne trouvent aucun intérêt à la familiarité, leurs sujets ne se révélant pas meilleurs dans une condition que dans l'autre[30].

Lorsque la familiarité s'entend à propos du thème sur lequel porte le mensonge, ça ne change rien. Si une personne ment sur un sujet que vous connaissez bien, vous ne serez pas plus efficace que si l'objet central du mensonge vous est totalement inconnu.

Les mensonges entre époux sont de préférence des mensonges au cours desquels on dissimule quelque chose. Il s'agit plus rarement de falsification d'informations. La méfiance de rigueur dans les mariages incite les deux partenaires à opter pour l'omission, ce qui permet à peu de mensonges d'être découverts.

DÉTECTION ET ÂGE

Un enfant n'est pas plus facilement détecté qu'un adulte, même lorsque les sujets expérimentaux qui se prêtent au jeu du décodage sont des spécialistes des enfants (enseignants, éducateurs, etc.). Une consolation toutefois, lorsque ces spécialistes ont eux-mêmes des enfants, ils sont plus performants et obtiennent 82 % de réponses correctes. Ceux qui n'ont pas d'enfants réalisent un score de 52 % de réponses justes.

Nous avons vu que mentir est une habileté qui s'acquiert. De très jeunes enfants sont parfaitement capables d'émettre un vrai mensonge. Des enfants à peine plus grands, entre 5 et 6 ans, réussissent à ne pas être détectés. Et, à partir de 9 ans, il fabriquent de fausses expressions parfaitement crédibles. Malgré l'habileté de leurs manœuvres, nous constatons, cependant, que plus nous sommes âgés, et mieux nous parvenons à tromper notre auditoire[31]. Nous devenons également de meilleurs détecteurs.

DÉTECTION ET « STYLE COMPORTEMENTAL »

Le style comportemental ou style de communication peut être le fruit d'un trait de personnalité ou de l'origine ethnique. Il s'applique aussi bien à l'émetteur qu'au récepteur.

Les personnes dites « attractives » utilisent un registre communicationnel et comportemental différent des personnes jugées moins attractives[32]. Les bons menteurs se reconnaissent entre eux, un peu à la manière des enfants, et se détectent avec plus de finesse. En amont

Mensonge : les excellentes performances des enfants

Un groupe de jeunes enfants teste deux boissons, du jus de raisin et du jus d'orange. La majorité d'entre eux préfèrent le jus d'orange. On les met individuellement en présence d'une personne qu'ils doivent convaincre que chacune de ces boissons est à leur goût. Seuls 56 % des interviews de ces enfants furent correctement associées soit au mensonge, soit à la vérité[33].
Une autre situation expérimentale voit un échec des décodeurs bien plus important. Des enfants âgés de 11 et 12 ans sont divisés en deux groupes. Le premier a visionné un petit film, le second non. Tous les enfants doivent prétendre avoir vu le film lors d'un entretien. Deux groupes de détecteurs sont constitués, un groupe d'avocats, un groupe d'étudiants. Les avocats obtiennent un score de détection correcte de 31 %, les étudiants de 25 %... ce qui est bien peu dans un cas comme dans l'autre, vous en conviendrez.

de cela, il y a le style comportemental. Si le récepteur possède le même style communicationnel que l'émetteur, il sera plus efficace pour établir un jugement correct[34].

ÉMETTEUR→	Mensonge P. Attractive	Vérité P. Attractive	Mensonge P. Non attractive	Vérité P. Non attractive
RÉCEPTEUR ↓				
Attractif	++	++	+	+
Non attractif	+	+	++	++

P. = personnalité.

On constate que, lorsque l'émetteur possède un « style comportemental » proche de la personne qui l'observe, la justesse de détection est augmentée. Cela nous amène à penser que nous détenons une sorte de mémoire « personnelle et émotionnelle » qui nous aiderait à mieux appréhender un comportement non verbal proche du nôtre, et ce quelles que soient les circonstances. Cette remarque est valable lorsqu'il y a mensonge mais l'est sans doute aussi, plus généralement, lorsque des émotions sont exprimées.

Les considérations à propos du « style comportemental » sont aussi valides lorsque l'émetteur appartient à la même ethnie que la nôtre. Des décodeurs américains sont plus efficaces lorsqu'il s'agit de juger des menteurs ou des personnes de bonne foi américains que des émetteurs jordaniens par exemple[35].

Inutile d'insister sur l'importance que revêt un tel constat au regard des affaires criminelles. D'autant que les recherches mettent en évidence une plus forte suspicion de la part de policiers blancs lorsque le suspect est noir[36, 37, 38]. Les différences comportementales entre ethnies sont vraisemblablement explicatives de ce phénomène. Les comportements non verbaux habituels des personnes noires sont ceux-là mêmes qui attirent l'attention et provoquent une forte suspicion chez les Blancs et les Européens en général : le débit lent, la voix plus aiguë, le détournement du regard, la très grande fréquence des sourires, les manipulateurs, les gestes illustrateurs (des mains ou des sourcils) ainsi que les mouvements du buste. Les *patterns* comportementaux peuvent être interprétés par des observateurs blancs comme une volonté de cacher la vérité[39]. Ce qui ne signifie pas que tous les policiers sont racistes, mais simplement qu'ils sont influencés, malgré eux, par des comportements typiques (et parfois stéréotypiques) de la tricherie dans leur propre culture. Une absence d'informations et de formation à ce sujet fait ressembler les opinions qu'ils fondent à des jugements réflexes.

Pour en avoir le cœur net !

Ce n'est pas l'« enveloppe » qui est jugée, c'est le comportement !

Des enregistrements vidéo de simulations d'interviews policières sont réalisés. Les émetteurs sont des acteurs, la moitié d'entre eux sont blancs (des Allemands), l'autre moitié noire (originaires du Surinam). Chaque acteur interprète « non verbalement » le comportement typique d'une ethnie. Lorsque les enregistrements sont montrés à des policiers, 72 % d'entre eux jugent les acteurs présentant les comportements typiques de la population noire – relativement beaucoup de mouvements – comme beaucoup plus suspects. Et ce, que l'émetteur soit blanc ou noir. Lorsque ce sont les comportements typiques de la population blanche qui sont adoptés par les acteurs, seuls 41 % d'entre eux sont jugés comme vraisemblablement suspects, qu'ils soient noirs ou blancs[40, 41, 42].

QUI PARVIENT SANS FAILLIR À DÉTECTER LES MENTEURS ?

Nous savons désormais un peu mieux dans quelles conditions il est plus aisé d'émettre un jugement correct lorsque se pose la question de savoir si une personne ment ou dit la vérité. Reste une interrogation : comment font ces rois de la détection pour parvenir à de tels scores ? Les scientifiques ont bien peu de réponses à apporter pour le moment. À ma connaissance, aucune recherche n'a été menée jusqu'à présent pour avancer des arguments tangibles.

Un début d'explication indirecte se fait toutefois jour. Lorsque nous mettons en place des études sur la détection du mensonge, nous avons vu qu'en règle générale on donne au sujet environ dix secondes pour se prononcer et répondre par oui ou par non à la question fatidique : « Cette personne ment-elle ? » Certaines études vont plus loin. Une fois que le sujet a répondu à la question, on lui demande de justifier sa réponse : « Pouvez-vous m'indiquer à partir de quels éléments vous avez effectué votre choix ? » Ces données, une fois dépouillées, mettent en évidence des stratégies très différentes de la part des bons détecteurs par rapport à celles utilisées par les détecteurs qui obtiennent des résultats médiocres. Les premiers ne se fient pas à un seul indicateur qu'ils observeraient ou non chez chacun des émetteurs, une sorte de mesure-étalon, mais considèrent chaque menteur individuellement et recherchent dans son comportement les indices susceptibles d'étayer un jugement de tricherie. Ces observateurs très performants s'attachent parfois au contenu du discours du sujet observé, parfois aux indices provenant de la voix, parfois aux mouvements du corps, c'est selon[43].

Quelques autres éléments sont à notre disposition et permettent d'avancer des perspectives. On sait que les excellents détecteurs de mensonge sont rares. On relève deux recherches dans lesquelles un groupe spécifique de sujets obtient des scores de détection élevés[44, 45]. Ces détecteurs infaillibles sont des membres des services secrets dans une des recherches – plus de 80 % d'entre

Une stratégie de détection efficace

Dans une de nos recherches[46], seuls quelques sujets étaient parvenus à un résultat parfait (100 % de réponses correctes). Ces sujets, des étudiants en DESS de psychologie clinique qui s'étaient « glissés » dans l'échantillon par le hasard du recrutement aléatoire, sont formés à l'observation du comportement non verbal d'un individu et en particulier à tous ces gestes éminemment informatifs qui intéressent et renseignent un thérapeute sur l'état réel de son interlocuteur. Les futurs praticiens que sont ces étudiants sont par conséquent très attentifs à ces mouvements. D'autre part, ils considèrent la personne qui leur fait face comme unique et non comme un individu parmi tant d'autres pour lequel on appliquerait une sorte de protocole, une grille d'observation valable quelles que soient les circonstances. Cela leur permet de ne pas considérer un mouvement comme dissocié de la personne qui l'émet et possédant une valeur universelle.

eux parviennent à des scores de détection supérieurs à 70 % –, des policiers dans une autre – 40 % d'entre eux parviennent à des scores de détection supérieurs à 80 %. Il n'y a pas de corrélation entre ces réussites et l'âge, le sexe, l'expérience et la confiance que le chasseur de mensonge accorde à son jugement. Il semblerait cependant qu'il en existe une entre la capacité de détection juste et celle à décoder des micro-expressions (inférieures à 1/25 de seconde) et des expressions de très courte durée (de quelques millisecondes à une ou deux secondes). D'autre part, les excellents chasseurs de mensonge choisissent d'émettre un jugement en adoptant la procédure décrite précédemment. Ils considèrent chaque personne individuellement et s'attachent à observer « le » détail comportemental qui les aidera à prendre une décision, une sorte de « tic » du sujet observé. Chez l'un, ce sera des décharges comportementales fréquentes bien que très fugitives ; chez un autre, ce sera un excès de sourires, etc. Enfin, quelques recherches concluent que les bons détecteurs sont aussi de bons menteurs – cependant, d'autres recherches effectuées à partir du même postulat infirment ce résultat.

Détecter correctement le mensonge est, à n'en pas douter, un art aussi délicat que le mensonge lui-même.

Comment s'entraîner à la détection

Je ne reviendrai pas sur les écueils à éviter et les capacités à développer lorsque l'on veut devenir un bon chasseur de mensonge. En revanche, je crois utile de vous donner quelques conseils complémentaires. Ceux-ci ne considèrent pas directement le mensonge mais vous indiquent quelques exercices indispensables à une observation rigoureuse et ordonnée du comportement non verbal. Il s'agit du travail de base à l'étude du mensonge, une tâche nécessaire réalisée par le truchement des comportements visibles des sujets.

Notre condition humaine nous accoutume à être très attentifs au discours. Notre supériorité sur la condition animale devient un handicap dans certaines circonstances... Nous avons constaté que ne pas associer des émotions, des états internes, des intentions et des actions aux cognitions pouvait être préjudiciable.

De même que personne ne prête vraiment attention à son comportement non verbal, nos interlocuteurs ne passent pas leur temps à scruter le moindre de nos mouvements. Même lorsqu'il s'agit de spécialistes, rassurez-vous ! Nous écoutons, c'est sûr, nous prêtons attention à ce qu'ils disent, à leurs mots, au cheminement de leur pensée en nous permettant quelques distractions tout de même, mais nous ne pouvons pas tout faire et par conséquent nous sommes peu attentifs aux discrets détails de leurs comportements. D'autant que les actes non verbaux[47] sont fugitifs et ne laissent pas de traces. Mais il nous arrive de temps en temps, après un échange avec une personne, de ressentir une sensation étrange. Ce n'est qu'une impression et nous sommes bien incapables de dire ce qui provoque ce sentiment. Nous avons vu que les micro-expressions en sont vraisemblablement à l'origine, mais rien ne peut confirmer notre sentiment. Il faudrait un enregistrement vidéo de la conversation et une analyse détaillée de celle-ci pour consolider nos soupçons. Alors, que nous reste-t-il pour améliorer nos capacités à mieux appréhender le comportement non verbal ? L'entraînement ! Apprendre à regarder, à observer le non-verbal, c'est comme apprendre à faire du vélo, ou à parler. Nous sommes tous capables d'y arriver, nous possédons tous les qualités requises, nous baignons dedans depuis que nous sommes au monde et à longueur de journée. Il ne nous manque qu'un peu d'exercice.

Des expériences focalisent leur intérêt sur l'entraînement et nous pouvons en tirer quelques enseignements. Lorsque, dans nos laboratoires, nous tentons de mesurer les effets d'un entraînement quelconque sur la détection, nous procédons de la manière suivante : soit nous invitons nos observateurs à focaliser leur attention sur un point du comportement des émetteurs (procédure de focalisation), soit nous l'instruisons de ce qu'il est important de regarder dans le comportement d'un sujet

Les vertus de l'observation

Dans les écoles de comédiens, on incite les jeunes élèves à faire des exercices tout à fait intéressants. Aller s'asseoir dans un parc, à une terrasse de café, etc., et regarder nos concitoyens se « comporter », c'est-à-dire bouger, s'esclaffer, se parler, se sourire, s'écouter, etc. L'objectif consiste à tenter de deviner ce qui se passe, la teneur des conversations, s'ils sont amis, s'ils s'apprécient ou non, si l'un domine l'autre, etc., et être capables de reproduire tous ces états observés selon les circonstances lorsque l'occasion viendra. Vous avouerez qu'il y a plus pénible comme activité ! Cependant, elle est tout à fait instructive et formatrice. Elle permet aux apprentis comédiens de reproduire, avec tout le talent qu'on leur souhaite, des situations qu'on leur demande d'interpréter ; de s'inspirer de la vie réelle pour faire rire et pleurer les spectateurs avec le plus de justesse possible.

afin d'augmenter ses chances de détection correcte (procédure informative). Ces deux procédures ne sont pas très efficaces puisqu'elles procurent un bénéfice incontestable aux observateurs qui deviennent meilleurs après la session d'entraînement dans trois recherches seulement[48]. Et encore, ces entraînements ne fonctionnent qu'avec des populations étudiantes, non avec des policiers. Précisons la raison de cette différence : l'abondance d'informations dans la seconde procédure (informative) est telle que seuls les étudiants – des étudiants en psychologie familiarisés aux théories de la personnalité – parviennent à engranger tous les renseignements qui leur sont fournis.

La seconde raison qui explique cette relative inefficacité se trouve dans la puissance des stéréotypes. Les sujets qui ont à charge de détecter les menteurs parmi les émetteurs qu'on leur présente ne croient pas aux informations qu'on leur donne sur les indices du mensonge. Souvenez-vous de notre recherche ratée et réussie décrite dans le chapitre précédent.

Il semble donc impératif, si l'on veut progresser en tant que chasseur de mensonge, d'approfondir ses connaissances (ce que ce livre aura contribué à faire, je l'espère) et de se débarrasser définitivement des stéréotypes, ce second point découlant du premier.

Petit guide pour confondre un menteur

Un chercheur néerlandais, Aldert Vrij, spécialiste du domaine, propose un petit guide qui devrait vous aider à vous faire une opinion sur l'authenticité d'une personne et de ses propos. Ce guide s'adresse en priorité à des professionnels mais peut aussi être très utile dans la vie quotidienne ; il est de surcroît très facile à utiliser. La volonté des chercheurs que nous sommes n'est pas de nous rendre suspicieux en permanence. Cependant, il est des situations qui nécessitent d'être un peu sur nos gardes et de tenter de nous construire un avis éclairé sur les desseins de la personne qui nous fait face.

— *Le premier conseil* consiste par conséquent à être suspicieux. Nous avons vu que, dans la plupart des cas, les mensonges ne sont pas détectés parce que les personnes qui en sont la cible ne se méfient pas. C'est un penchant humain naturel et rassurant que de faire confiance, rien ne doit l'entamer sauf nécessité. Lorsque nous avons des doutes sur l'attitude générale d'une personne avec laquelle nous sommes en relation, sur l'authenticité de ses intentions à notre égard, nous avons tout intérêt à ne pas lui accorder notre confiance, ne serait-ce que le temps de quelques conversations.

Lors de nos échanges personnels et professionnels, il nous faut montrer un peu plus de circonspection. Ce qui ne nous empêche pas de poser des questions (en petit nombre) et de parler peu afin de nous concentrer sur ce qui est dit et sur la manière dont cela est dit. À la grande surprise des chercheurs, nous constatons que nous sommes encore moins habiles lorsqu'il s'agit de détecter les mensonges proférés par nos amis ou nos intimes*. Pourtant, nous les connaissons bien et savons leurs façons de faire en temps ordinaire, lorsqu'ils ne mentent pas. Il faut dire que nos proches ont des stratégies très fines pour ne pas se faire prendre. Ils minimisent la totalité des gestes qu'ils font, ce qui les rend peu vulnérables au regard des autres. L'expérience montre que comparer une personne en situation vérité et en situation mensonge augmente la probabilité de voir apparaître des différences comportementales significatives ; par conséquent, c'est une aide active à la détection. Or ça ne semble pas être le cas ici. Nos amis et nos intimes peuvent nous rouler dans la farine encore plus facilement que des étrangers. Aussi avons-nous intérêt, lorsque nous avons des doutes quant à leur sincérité, à leur poser des questions, même seulement une ou deux. Quelques demandes judicieusement choisies devraient nous permettre d'infirmer ou de confirmer une opinion préalable.

— *C'est le deuxième conseil* : poser des questions au présumé menteur. Ce dernier sait qu'il doit tout faire pour ne pas se trahir non verbalement et qu'il ne doit

* Cela est vrai dans nos laboratoires et ne semble pas l'être dans la vie quotidienne...

pas se contredire. Répondre à une interrogation amène en général la personne à fournir d'autres détails que ceux donnés lors de sa première intervention. Lorsque l'on expose un fait à quelqu'un, si celui qui nous écoute demande des détails, l'émetteur entend, entre autres, que le récepteur a besoin d'un complément d'information. Spontanément, celui qui s'exprime ajoute des éléments supplémentaires à l'histoire présentée précédemment. S'il invente, il va lui falloir ajouter de petits mensonges au gros mensonge de départ et faire en sorte que le tout soit cohérent. La tâche est loin d'être aisée : le menteur n'a pas forcément tout prévu, tout préparé et, s'il ne fait pas partie de ceux qui ont une imagination florissante et un bon sens de la repartie, il risque de s'embrouiller dans sa propre histoire jusqu'à trébucher sur une contradiction flagrante. Sonder un individu que l'on suppose en train de nous mentir, c'est le mettre en porte-à-faux. Le travail cognitif lourd que l'on suggère en étant interrogatif va contraindre le menteur à se souvenir de ce qui a été dit précédemment, fournir des éléments peu ou non vérifiables et réfléchir extrêmement rapidement. Cependant, tout comme pour le premier conseil, poser des questions dans la vie courante sans paraître suspicieux n'est pas toujours chose aisée. Dans les situations professionnelles qui le requièrent – interrogatoire de police, contrôle douanier, etc. –, il va de soi que l'on vous interroge. Une conversation entre amis ou entre collègues n'est pas une enquête et, là aussi, il va falloir agir avec circonspection et choisir *la* question qui nous paraît importante. Je me permets de vous rappeler que les personnes qui ont bien voulu se prêter dans nos laboratoires à nos expériences ont fourni une impression d'honnêteté plus forte lorsqu'elles répondaient à des questions. Elles mentaient avant de répondre à des questions et encore plus après y avoir répondu. Il est par conséquent important de se souvenir de ce détail. Sauf si le menteur s'emmêle dans des histoires abracadabrantes, il fournira une image encore plus honnête après avoir répondu à une question qu'avant. Il ne faut par conséquent pas vous laisser impressionner par cette image de l'honnêteté incarnée, voire en faire un des éléments de votre conviction.

— *Troisième conseil* : taisez ce que vous savez. Si vous soupçonnez lourdement votre adolescent de fumer parce que vous avez trouvé des cigarettes dans son sac et que vous voyez son budget gomme à mâcher augmenter furieusement en ce moment, ne le lui dites pas d'emblée : ce que vous savez vous donne l'avantage. Certes, il pourra toujours prétendre qu'elles sont à un copain, mais ce type d'explication sera bien pauvre face aux vôtres, plus tangibles. Dans un tout autre registre – nos séries policières utilisent à loisir cette technique –, après une procédure d'information, les enquêteurs reprennent les éléments fournis et vont un peu plus loin dans l'investigation. Ils amènent le suspect sur des terrains pour lesquels ils possèdent des informations sûres. La tâche du menteur est dans ce cas très ardue. Il ne sait pas ce que savent les autres et par conséquent ignore ce qu'il peut déclarer ou non. Il est ainsi contraint de prendre des risques et affirmer des choses que son vis-à-vis sait être fausses. Cette menace qui pèse sur lui risque de le rendre particulièrement nerveux, beaucoup plus que s'il dit la vérité, et son comportement non verbal s'en ressentira. Le contrôle qu'il paraissait exercer jusqu'à présent risque de s'effriter au fur et à mesure que l'inquiétude le gagne.

Soyez informé avec précision ! Ce conseil est quelque peu redondant avec le précédent. Toutefois, il met l'accent sur la notion de détails. Être informé et ne pas dire ce que l'on sait n'est pas forcément suffisant, encore faut-il l'être dans le détail. Supposons qu'un témoin, suspecté par les enquêteurs de complicité dans un délit, raconte qu'il a vu entrer trois personnes dans une banque alors qu'il était, comme souvent, en train de prendre de l'argent à l'extérieur de celle-ci au guichet automatique. Les enquêteurs savent que cette personne a pris de l'argent au guichet le jour même, mais ce retrait n'a pas été effectué à l'heure indiquée. D'autre part, aucun autre retrait n'a été effectué par ce témoin à ce guichet les mois précédents. Il est certain que de telles informations vont donner aux enquêteurs une longueur d'avance sur le tricheur qui va persister dans son mensonge au risque de s'enliser un peu plus dans d'autres contrevérités.

— *Quatrième conseil*, et autre technique couramment utilisée lors des interrogatoires : demander au témoin de répéter ce qu'il a dit précédemment. En dehors des menteurs parfaits – qui sont rares, nous avons eu l'occasion de le constater –, un menteur ordinaire aura les plus grandes difficultés à se souvenir très précisément de ce qu'il a dit. Ces difficultés seront accrues si son témoignage remonte à quelques jours ou quelques semaines. S'il ment, il sait qu'il risque de se contredire. Il deviendra à son tour suspicieux. La stratégie du menteur dans ce cas consiste souvent à en dire le moins possible. Son discours deviendra pauvre, lapidaire, ses phrases extrêmement courtes et il ne donnera que peu de détails. Le CBCA que nous avons eu l'occasion de présenter est une technique d'analyse du discours qui permet de mesurer la sincérité d'un témoin et, bien entendu, son contraire. Si elle est utilisée pour analyser un témoignage comme celui que nous venons d'évoquer, elle mettra en évidence une vraisemblable tricherie. Associée à une technique d'analyse du comportement non verbal d'un sujet, elle permettra d'émettre un avis étayé sur la véracité des dires de l'individu.

Je vous ai incité à vous entraîner à l'observation. Il faut maintenant passer à la pratique, soit observer et écouter une personne avec attention lorsque vous la soupçonnez de tricherie. Nous avons vu que, dans les échanges de la vie courante, qui requièrent de notre part un comportement naturel, nous ne pouvions guère presser de questions notre interlocuteur ni nous montrer particulièrement soupçonneux. Par contre, observer et écouter très attentivement notre vis-à-vis ne paraîtra jamais inconvenant ni soupçonneux et nous avons tout à y gagner. Nous savons en outre que la plupart des gens apprécient d'être regardés et écoutés quand ils parlent, que les dodelinements de notre tête qui sont signes d'une écoute attentive les incitent à poursuivre.

Lorsque nous soupçonnons une personne de nous mentir, une attitude particulièrement empathique (écoute active) de notre part sera doublement utile. Elle incitera la personne à parler et éventuellement à trop parler, elle nous permettra de ne nous concentrer que sur le discours et les gestes du locuteur. Un second problème se pose à nous dans les situations courantes : l'inspection attentive des mouvements de certaines parties du corps de la personne que l'on soupçonne. Les gestes des mains, des doigts et des jambes sont relativement informatifs. Or il est difficile de ne pas regarder « dans les yeux » quelqu'un que l'on écoute. Il nous faut, dans ce cas, faire preuve d'un peu d'imagination pour réussir tout de même à scruter ce type de mouvements. Ne pas être trop près de notre vis-à-vis permet d'apercevoir la totalité des éléments corporels en mouvement, même si on ne fixe pas les jambes, par exemple. D'autre part, nous pouvons, nous aussi, faire semblant. Donner l'impression de regarder ailleurs tout en conservant un champ de vision suffisamment serré nous permettant d'observer les mouvements des mains et des jambes de notre interlocuteur est très utile.

Le chasseur de mensonge professionnel, lui, aura tout intérêt à observer et à écouter le témoin ou le suspect par le biais d'un circuit vidéo. Cette technique, que les inspecteurs et autres commandants de nos séries policières télévisées utilisent, est effectivement efficace. Elle autorise à ne pas respecter les règles de la conversation et à focaliser son attention sur un élément précis du comportement de l'individu. Si plusieurs personnes assistent à l'interrogatoire par le biais d'un circuit vidéo, chacune d'elles peut se charger d'une observation spécifique : l'un observe les jambes pendant que l'autre s'intéresse au visage et qu'un troisième scrute les mains du suspect.

Les stéréotypes confinent le mensonge dans une impasse. Le menteur serait détectable par la présence de quelques comportements tenus pour révélateurs – détourner le regard, montrer des gestes d'agitation et de nervosité, buter sur les mots, bégayer. Au risque de me répéter, il est temps désormais de les abandonner et de regarder les menteurs avec un œil neuf et éclairé. Nous avons dressé la liste des indices que l'on peut associer au mensonge. Nous avons constaté qu'il n'existe pas d'indices univoques, incontestables du mensonge. Chaque cas doit être considéré de manière individuelle puisqu'il n'implique jamais le même contexte ni le même type de mensonge. Les combinaisons entre la forme, le type et la nature du mensonge, la nature des relations qu'entretient le menteur avec sa cible, le contexte, etc., sont tellement nombreuses qu'il est impossible pour l'instant, aux chercheurs que nous sommes, de proposer un modèle d'observation. Il est nécessaire d'étudier chaque situation de façon distincte puisqu'il faut tenir compte de tous les éléments qu'elle contient. À qui ment-il ? Le mensonge est-il anodin ou compromettant ? Le menteur a-t-il été soumis à des questions de la part de la cible ? A-t-il eu le temps de préparer son mensonge ? Quelles caractéristiques personnelles lui sont propres ?, etc. L'observation et surtout les conclusions que l'on en tire ne peuvent se faire sur la base de quelques vagues sensations mais à partir de faits réels, advenus. L'observateur doit pouvoir étayer son argumentation en citant les comportements observés qui l'incitent à penser que tel ou tel ment. Par exemple, le sujet présente une expression émotionnelle de très courte durée, inhibe un certain nombre de mouvements et émet une contradiction verbale[49]. Ce n'est qu'à partir de telles constatations qu'une conclusion peut être émise. Elle nécessite aussi les précautions d'usage : « On peut penser qu'il y a mensonge » mais on ne peut l'affirmer, sauf si les faits rapportés par le menteur sont en tout point vérifiables.

— *Dernier conseil* que l'on peut donner au chasseur de mensonge : établir une comparaison entre le comportement habituel du sujet et son comportement lorsqu'il est suspecté de mensonge. Nous avons vu que nos propres recherches[50, 51] permettent d'observer des différences importantes, tant en nature qu'en nombre de comportements émis par des sujets qui avaient à dire la vérité puis à mentir. C'est évidemment la solution la plus avantageuse que de pouvoir comparer un individu dans deux situations différentes. Elle permet d'étayer une observation de façon plus sûre. Les recherches effectuées sur le décodage du mensonge montrent que la familiarité avec un individu augmente sa justesse de détection – la familiarité étant entendue comme une observation réalisée dans d'autres circonstances que le mensonge et non comme avec quelqu'un de notre entourage proche. Précisons toutefois que ces différences sont souvent ténues, subtiles, voire à peine perceptibles[52]. Là encore, l'entraînement à la perception générale du comportement non verbal est efficace. Un œil exercé peut sans aucun doute aider son propriétaire à repérer ces signes extrêmement fugaces. En effet, nos individus menteurs ne vont pas tout à coup présenter une série de signes très visibles, associables au mensonge. Les décharges de comportements que l'on peut constater dans nos laboratoires ne sont comptabilisées et mises en évidence que parce que le travail effectué est extrêmement précis, à partir d'enregistrements vidéo et image par image. Dans une situation en direct, seuls l'œil, l'oreille et la mémoire du chasseur de mensonge sont à sa disposition. Rappelons enfin que des différences comportementales ne sont pas exclusivement présentes lors du mensonge. Un individu inquiété par un événement quelconque, fatigué par une pression professionnelle, présentera un comportement différent de celui qu'il a habituellement.

Enfin, les comparaisons doivent être établies entre deux situations comparables. Si vous soupçonnez votre petit ami de se rendre au bar pour jouer aux cartes avec des amis alors qu'il prétend aller faire du sport, vous ne pourrez comparer son comportement lorsqu'il répond à vos questions qu'à celui qu'il a eu lorsque vous lui avez demandé s'il revoyait toujours son ex-petite amie et que vous êtes certaine qu'il ne vous a pas menti à ce moment-là. Comparer le comportement de quelqu'un dans une situation banale avec celui qu'il présente lorsqu'il ment est absurde. Il faut comparer le comportement d'une personne avec celui qu'elle a adopté lorsqu'elle a été sommée de dire la vérité, et que nous avons la preuve qu'elle l'a dite. D'autre part, une accusation provoque évidemment l'apparition de comportements nouveaux chez l'individu. Le simple fait d'être soupçonné induit chez tout un chacun un stress plus ou moins violent et son lot de conséquences comportementales chez un innocent. Cependant, si nous avons l'occasion de voir se comporter une personne accusée à tort et qu'elle est à nouveau soupçonnée, nous avons là un élément de comparaison valide. Or les commissariats regorgent de récidivistes ou d'abonnés à l'interpellation qui parfois ont aussi dit la vérité, ne serait-ce que l'espace d'un instant.

Schopenhauer avait raison !

Le conseil de Sacha Guitry, qui introduit ce chapitre, s'apparente à celui de Schopenhauer, plus ancien et philosophique celui-là... « Si vous avez des raisons de suspecter que l'on vous raconte un mensonge, faites comme si vous croyiez jusqu'au dernier mot. Cela donnera à votre interlocuteur le courage de poursuivre, il deviendra plus véhément dans ses affirmations et finira par se trahir[53]. » Le philosophe ne souhaitait pas en cela donner des conseils au chasseur de mensonge, c'était plutôt l'analyse d'une désillusion qui le faisait parler ainsi[54]. Mais qu'importe, il avait raison ! Faire croire à quelqu'un qu'on le croit, ce n'est rien d'autre qu'être suspicieux sans le montrer, poser des questions mais pas trop, écouter et regarder le présumé menteur avec beaucoup de soin, ne pas dire ce que l'on sait de l'affaire en question, posséder suffisamment d'informations et de détails sur cette affaire, demander à l'autre de se répéter en tâchant de ne pas éveiller ses soupçons. Dans une situation professionnelle, les règles sont les mêmes, ce sont les moyens pour parvenir à une conclusion qui sont un peu différents et *a priori* plus favorables.

Dans les scénarios que nous mettons en place en laboratoire, vous avez pu constater que celui qui ment le plus – et ce quel que soit l'objet de la recherche, qu'il porte sur le mensonge ou non –, c'est l'expérimentateur. Souvenez-vous de l'expérience de Milgram. Le mensonge est obligatoire lors de nos expériences, il nous permet de cacher au sujet expérimental le véritable objet de l'étude. Si nous lui disions d'emblée ce que nous cherchons à observer il adapterait son comportement et ne serait plus naturel. Des biais expérimentaux importants s'installeraient ainsi et nous ne pourrions plus accéder à l'objet de nos recherches. Je pense que, pour ce qui est de la détection du mensonge, nous avons tout intérêt à agir comme les chercheurs. Ne pas dévoiler nos intentions afin de donner l'impression à l'individu qu'il maîtrise la situation et qu'il conduit l'échange est certainement très profitable. Nous savons que beaucoup d'aveux sont extirpés par les policiers, que ces derniers conduisent les entretiens de telle sorte que le suspect « craque ». Cette méthode ne devrait être utilisée que lorsque les enquêteurs ont des preuves tangibles de la culpabilité ou de l'implication d'une personne dans un délit et non sur une simple conviction ou intuition. Le travail des policiers serait lui aussi facilité s'ils utilisaient des techniques adaptées en fonction du cas qui se présente et non un guide d'entretien toujours identique et basé sur la constitution d'un procès-verbal.

Dans la vie courante, les choses devraient se passer plus ou moins de la même manière. Nous avons tout intérêt à ne pas nous précipiter sur une accusation portée parfois à tort ou sur le soupçon, mais, au contraire, à étayer nos arguments de façon solide avant d'émettre un jugement définitif.

Notes et références bibliographiques

Introduction

1. M. Lewis, *Lying and Deception in Everyday Life*, New York, Guilford Press, 1993.

Chapitre premier
Une pratique très ordinaire

1. B.M. DePaulo, D.A. Kashy, S.E. Kirkendol, M.M. Wyer & J.A. Epstein, « Lying in everyday life », *Journal of Personality and Social Psychology*, n° 70, 5, 1996.

2. B.M. DePaulo & K.L. Bell, « Truth and investment : lies are told to those who care », *Journal of Personality and Social Psychology*, n° 71, 4, 1996.

3. A. Vrij, *Detecting Lies and Deceit, The Psychology of Lying and the Implications for Professional Practice*, Chichester, Wiley, 2000.

4. B.M. DePaulo, J.A. Epstein & M.M. Wyer, « *Sex Differences in Lying : How Women and Men Deal with the Dilema of Deceit* », *in* M. Lewis & C. Saarni (Eds.), *Lying and Deception in Everyday Life*, New York, Guilford Press, 1993.

5. H.T. Reis, M. Senchak & B. Solomon, « Sex difference in the intimacy of social interaction : further examination of potential explanations », *Journal of Personality and Social Psychology*, 48, 1985.

6. M. Lewis, 1993, *op. cit.*

7. C. Saarni, « Children's understanding of the interpersonal consequences of dissemblance of nonverbal emotional-expressive behavior », *Journal of Nonverbal Behavior*, 12, 1988.

8. A. Vrij, 2000, *op. cit.*

9. B.M. DePaulo *et al.*, 1996, *op. cit.*

10. E. Backbier & S. Sieswerda, 1997, *in* A. Vrij, 2000, *op. cit.*

11. E. GOFFMAN, *La Mise en scène de la vie quotidienne*, t. I, t. II, Paris, Les Éditions de Minuit, 1973.
12. *Navarro*, TF1, le 20 mars 2003.
13. A. VRIJ, 2000, *op. cit.*
14. C. BILAND, « Comportement non verbal et mensonge, recherches expérimentales », *Thèse de doctorat de 3e cycle*, Université Aix-Marseille I, 1999.
15. P. EKMAN, *Menteurs et mensonges, comment les détecter*, Paris, Pierre Belfond, 1986.
16. *Ibid.*
17. M. DÉON, *Mentir est tout un art*, Monaco, Editions du Rocher, 2002.
18. « Est-il possible de vivre sans mensonges ? », *Ça m'intéresse*, n° 133, 1992.
19. A. VRIJ, 2000, *op. cit.*
20. B. CYRULNIK, *Sous les ailes du mensonge...*, *in* M. de Solemne, *La Sincérité du mensonge*, Paris, Dervy, 1999.
21. *Ibid.*
22. B. CYRULNIK, *L'Ensorcellement du monde*, Paris, Odile Jacob, 1997.
23. M. de Solemne, *La Sincérité du mensonge*, Paris, Dervy, 1999.
24. B. CYRULNIK, 1997, *op. cit.*
25. B. CYRULNIK, *Le Murmure des fantômes*, Paris, Odile Jacob, 2002.
26. *Ibid.*
27. *Ibid.*
28. *Ibid.*
29. *Ibid.*
30. E. CARRÈRE, *L'Adversaire*, Paris, POL, 2001.
31. *L'Adversaire*, Nicole Garcia, 2002.

Chapitre II
Les caractéristiques du mensonge

1. M. ARGYLE, *The Psychology of Interpersonal Behaviour*, Londres, Penguin, 1983. Le travail relaté dans ce livre se situe dans un contexte expérimental et nécessite de donner aux phénomènes que nous étudions un cadre opérationnel. C'est-à-dire que chacun des éléments qui compose l'objet étudié, en l'occurrence le mensonge, doit être rigoureusement contrôlable et contrôlé : strictement présent (ou strictement absent) lors de nos expériences de laboratoire. C'est à cette seule condition que nous nous autorisons a conclure qu'une hypothèses émise est confirmée ou infirmée. Nous devons nous assurer que ce que nous observons est bien du mensonge et que les éléments qui composent la définition sont présents ou absents. D'autre part, étudier ce type de comportement humain en laboratoire nécessite que les recherches possèdent une relative validité écologique, c'est-à-dire que l'on puisse com-

parer nos scénarios de laboratoire à ce qui se passe dans la vie courante. « Il faut que l'expérience soit menée dans des conditions réalistes, c'est-à-dire qui comportent une signification évidente et où l'on retrouve toutes les règles situationnelles et les principaux constituants du comportement social normal. »

2. M. de Bonis, *Connaître les émotions humaines,* Liège, Mardaga, 1996.

3. P. Gosselin, G. Kirouac & F.Y. Doré, « Components and recognition of facial expression of emotion by actors », *Journal of Personality and Social Psychology,* 68, 1, 1995.

4. D. Diderot, *Le Paradoxe du comédien*, Paris, Flammarion, 1981.

5. M. de Bonis, 1996, *op. cit.*

6. B. Cyrulnik, 2002, *op. cit.*

7. M. Lewis, 1993, *op. cit.*

8. A. Vrij, 2000, *op. cit.*

9. *Ibid.*

10. *Ibid.*

11. P. Ekman, 1986, *op. cit.*

12. U. Hess & R.E. Kleck, « Differentiating emotion elicited and deliberate emotional facial expressions », *European Journal of Social Psychology,* 20, 1990.

13. J. Corraze, *Les Communications non verbales,* Paris, PUF, 1988.

14. P. Ekman, « An argument for basic emotions », *Cognition and Emotion,* 6, 3/4, 1992.

15. C.E. Izard, *Human Emotions*, New York, Plenum, 1977.

16. P. Ekman, *Universal and Cultural Differences in Facial Expressions of Emotions, in* J.K. Cole (Ed), *Nebraska Symposium on Motivation, 1971*, Lincoln, University of Nebraska Press, 1972.

17. P. Ekman, 1986, *op. cit.*

18. P. Ekman, *Unmasking the Face*, New York, Englewood Cliffs Prentice-Hall, 1975.

19. P. Ekman & W.V. Friesen, *The Facial Action Coding System (FACS),* Palo Alto, Consulting Psychologist Press, 1978.

20. Voir à ce sujet les travaux de Bernard Rimé (université de Louvain la Neuve) et de Véronique Christophe (maître de conférence, université Charles de Gaulle-Lille III) à propos du partage social de l'émotion.

21. M. de Bonis, 1996, *op. cit.*

22. Voir à ce sujet les travaux de Monique de Bonis, directeur de recherche au CNRS, université Paris-XI.

23. P. Ekman, *Telling Lies*, New York, Norton, 1992.

24. A. Vrij, 2000, *op. cit.*

25. U Hess, R. Banse & A. Kappas, « The intensity of facial expression is determined by underlying affective state and social situation », *Journal of Personality and Social Psychology,* 69, 2, 1995.

26. P. Feyereisen & J.D. de Lannoy, *Psychologie du geste,* Bruxelles, Mardaga, 1985.

27. L. Norman, 1980, *op. cit.*

28. K.R. Scherer, « L'émotion en tant que composante du système mental », *Communication présentée lors des XXV*[es] *journées d'études de l'Association de psychologie scientifique de langue française, « La relation entre cognition et émotion »*, Coïmbra, 14-16 septembre 1995.

29. *Ibid.*

30. P. Ekman, « Why lies fail and what behaviors betray a lie », *in*, J.C. Yuille (Ed.), *Credibility Assessment*, Dordrecht, Kluwer, 1989.

Chapitre III
Qui ment à qui ? Et comment ?

1. B. Cyrulnik, 1997, *op. cit.*

2. *Ibid.*

3. *Ibid.*

4. *Ibid.*

5. S.S. Fugita, M.C. Hogrebe & L.N. Wexley, « Perceptions and deception : perceived expertise in detecting deception, successfulness of deception and nonverbal cues », *Personality and Social Psychology Bulletin,* 6, 1980.

6. R. Buck, *Human Motivation and Emotion*. New York, Wiley, 1988.

7. M.J. Cody & H.D. O'Hair, « Nonverbal communication and deception : differences in deception cues due to gender and communicator dominance », *Communication Monographs*, 50, 3, 1983.

8. R.S. Feldman, L. Jenkins & O. Popoola, « Detection of deception in adults and children via facial expressions », *Child Development,* 50, 1979.

9. P.J. La Frenière & J.M. Ménard, « Le dévelopement de la tromperie tactique chez le jeune enfant », *Enfance,* 45, 4, 1990.

10. M. Lewis, 1993, *op. cit.*

11. A. Vrij, 2000, *op. cit.*

12. M. Lewis, 1993, *op. cit.*

13. D.B. Buller & R.K. Aune, « Nonverbal cues to deception among intimate, friends and strangers », *Journal of Nonverbal Behavior,* 11, 4, 1987.

14. H.D. O'Hair, M.J. Cody & M.L. McLaughlin, « Prepared lies, spontaneous lies, machiavellianism, and nonverbal communication », *Human Communication Research,* 7, 1981.

15. A. Vrij, 2000, *op. cit.*

16. D.A. Kashy & B. DePaulo, « Who lies », *Journal of Personality and Social Psychology,* 70, 5, 1996.

17. D.S. Willson, C. Near & R.R. Miller, « Individual differences in machiavellianism as a mix of cooperative and exploitative strategies », *Evolution and Human Behavior*, 19, 1998.

18. B.M. DePaulo, A.L. Blank, G.W. Swain & J.G. Hairfield, « Expressiveness and expressive control », *Personality and Social Psychology Bulletin,* 18, 3, 1992.

19. M.J. Cody & H.D. O'Hair, « Nonverbal communication and deception : differences in deception cues due to gender and communicator dominance », *Communication Monographs*, 50, 3, 1983.

20. A.W. Siegman & M.A. Reynolds, « Self monitoring and speech in feigned and unfeigned lying », *Journal of Personality and Social Psychology,* 45, 6, 1983.

21. R.E. Riggio & H.S. Friedman, « Individual differences and cue to deception », *Journal of Personality and Social Psychology,* 45, 4, 1983.

22. H.D. O'Hair, M.J. Cody & M.L. McLaughlin, « Prepared lies, spontaneous lies, machiavellianism, and nonverbal communication », *Human Communication Research,* 7, 1981.

23. J.E. Hocking & D. Leathers, « Nonverbal indicators of deception : a new theoretical perspective », *Communication Monographs*, 47, 1980.

24. M. Zuckerman, B.M. DePaulo & R. Rosenthal, « Verbal and nonverbal communication of deception », *in* L. Berkowitz (Ed.), *Advances in Experimental Social Psychology,* vol. 14, New York, Academic Press, 1981.

25. J.D. Matarazzo, A.N. Wiens, R.H. Jackson & T.S. Manaugh, « Interview speech behavior under conditions of endogenously-resent and exogenously-induced motivational states », *Journal of Clinical Psychology*, 26, 1970.

26. B.M. DePaulo *et al.*, 1992, *op. cit.*

27. D.B. Buller, J. Comstock, R.K. Aune & K.D. Strzyzewski, « The effect of Probing on Deceivers and Truthellers », *Journal of Nonverbal Behavior,* 13, 3, 1989.

28. M. Zuckerman et *al.*, 1981, *op. cit.*

29. R.E. Kraut & D. Poe, « Behavioral roots of person perception : the deception judgment of customs inspectors and laymen » *Journal of Personality and Social Psychology,* 39, 1980.

30. B.M. DePaulo & R.L. Pfeifer, « On-the-job experience and skill at detecting deception » *Journal of Applied Social Psychology,* 16, 1986.

31. G. Köhnken, « Training police officers to detect deceptive eyewitness statements : does it work ? », *Social Behaviour,* 2, 1987.

32. P. Ekman & M. O'Sullivan, « Who can catch a liar ? », *American Psychologist,* 46, 9, 1991.

33. M.L. Knapp's, R.P. Hart & H.S. Dennis, « An exploration of deception as a communication construct », *Human Communication Research,* 1, 1974.

34. V.L. Allen, M.L. Atkinson, « Identification of spontaneous deliberate behavior ». *Journal of Nonverbal Behavior,* 5, 4, 1981.

35. J.J.B. Allen & W.G. Iacono, « A comparison of methods for the analysis of event-related potentials in detection deception », *Psychophysiology*, 34, 1997.

36. M. Zuckerman *et al.*, 1981, *op. cit.*

37. P. Ekman & W.V. Friesen, « Detecting deception from the body or face », *Journal of Personality and Social Psychology,* 29, 1974.

38. B.M. DePaulo, G.D. Lassiter & J.L. Stone, « Attentional determinants of succes at detecting deception and truth », *Personality and Social Psychology Bulletin,* 8, 1982.

39. M. Zuckerman *et al.*, 1981, *op. cit.*

40. M. Zuckerman, M.D. Amidon, S.E. Bishop & S.D. Pomerantz, « Face and tone of voice in the communication of deception », *Journal of Personality and Social Psychology,* 43, 2, 1982.

41. P.J. La Frenière & J.M. Ménard, 1990, *op. cit.*

42. R.S. Feldman, L. Jenkins & O. Popoola, « Detection of deception in adults and children via facial expressions », *Child Development,* 50, 1979.

43. I.A. Parham, R.S. Feldman, G.D. Oster & O. Popoola, « Intergenerational differences in nonverbal disclosure of deception », *Journal of Personality and Social Psychology,* 113, 1981.

44. C.F. Bond, A. Omar, A. Mahmoud & R. Neal-Bonser, « Lie detection across cultures », *Journal of Nonverbal Behavior,* 14, 3, 1990.

45. R.E. Kraut *et al.*, 1980, *op. cit.*

46. B.M. DePaulo, K. Lanier & T. Davis, « Detecting the deceit of the motivated liar », *Journal of Personality and Social Psychology,* 45, 1983.

47. B.M. DePaulo, G.D. Lassiter & J.L. Stone, « Attentional determinants of success at detecting deception and truth », *Personality and Social Psychology Bulletin,* 8, 1982.

48. B.M. DePaulo, C.S. Le May & J.A. Epstein, « Effects of importance of success on effectiveness at deceiving », *Personality and Social Psychology Bulletin,* 17, 1, 1991.

49. B.M. DePaulo & R.L. Pfeifer, « On-the-job experience and skill at detecting deception », *Journal of Applied Social Psychology,* 16, 1986.

50. D.B. Buller, J. Comstock, R.K. Aune & K.D. Strzyzewski, « The effect of probing on deceivers and truthellers », *Journal of Nonverbal Behavior,* 13, 3, 1989.

51. J.B. Stiff & G.R. Miller, « "Come to think of it..." Interrogatives, probes, deceptive communication and detection deception » *Human Communication Research,* 12, 3, 1986.

52. F.L. Geis & T.H. Moon, « Machiavellianism and deception », *Journal of Personality and Social Psychology,* 41, 4, 1981.

53. T. Kurasawa, « Effect of contextual expectancies on deception-detection », *Japanese Psychological Research,* 30, 3, 1988.

54. G.E. Littlepage, D.W. Tang & M.A. Pineault, « Nonverbal and content factors in the detection of deception in planned and spontaneous communications », *Journal of Social Behavior and Personality,* 1, 3, 1986.

55. V.L. Allen *et al.*, 1981, *op. cit.*

56. G.E. Littlepage *et al.*, 1986, *op. cit.*

Chapitre IV
Les secrets d'une manipulation réussie

1. B. CYRULNIK, 1997, *op. cit.*

2. R. CIALDINI, *Influence et Manipulation*, Paris, First, 1984.

3. Les lignes consacrées à ce sujet n'ont pas la prétention d'être exhaustives, ce n'est pas le propos du livre. J'invite le lecteur qui désire consulter une revue complète sur cette question à se référer aux travaux de Robert-Vincent Joulé et en particulier à R.V. JOULÉ, J.L. BEAUVOIS, *Petit Traité de manipulation à l'usage des honnêtes gens*, Grenoble, Presses universitaires de Grenoble, 2002.

4. S. MILGRAM, *Soumission à l'autorité*, Paris, Calmann-Lévy, 1974.

5. D. OBERLÉ, *in* G. MUGNY, D. OBERLÉ, J.L. BEAUVOIS, *Relations humaines, groupes et influence sociale*, Grenoble, Presses universitaires de Grenoble, 1995.

6. Une fidèle représentation de cette expérience fait l'objet d'une scène du film, *I. comme Icare* d'Henri Verneuil.

7. J.L. BEAUVOIS, D. OBERLÉ, *in* G. MUGNY, D. OBERLÉ, J.L. BEAUVOIS, *op. cit.*

8. *Ibid.*

9. S. MILGRAM, 1974, *op. cit.*

10. En amont de ce phénomène de « soumission à l'autorité » il en existe d'autres tels que la normalisation ou le conformisme qui éclaireront le lecteur sur l'ensemble des processus impliqués dans nos attitudes. Pour une revue voir G. MUGNY, D. OBERLÉ, J.L. BEAUVOIS, 1995, *op. cit.*

11. H.J. EYSENCK, « Crime and personality », *in* D.J. MULLER, D.E. BLACKMAN & A.J. CHAPMAN (Eds), *Psychology and Law*, New York, John Wiley, 1984.

12. A. VRIJ, 2000, *op. cit.*

13. G. JUGNOT, *Télé Matin*, France 2, le 12 mars 2004.

14. R.E. RIGGIO & H.S. FRIEDMAN, « Individual differences and cue to deception », *Journal of Personality and Social Psychology*, 45, 4, 1983.

15. A. VRIJ, 2000, *op. cit.*

16. R. CIALDINI, 1984, *op. cit.*

17. *Ibid.*

18. *Ibid.*

19. *Ibid.*

20. A. CHANNOUF & A. ROUIBAH, « The effect of non conscious perception of frequent stimuli on credibility judgment », *International Journal of Psychology*, 30, 2, 1995.

21. A. CHANNOUF et M.F. PICHEVIN, *Le Pouvoir subliminal*, Lausanne, Delachaux et Niestlé, 1998.

22. R. CIALDINI, 1984, *op. cit.*

23. *Ibid.*

24. Rossen & Tesser, 1970, *in* R. Cialdini, 1984, *op. cit.*
25. Smith et Engel, 1968, *in* R. Cialdini, 1984, *op. cit.*
26. Razran connaissait bien le sujet de l'association puisqu'il fut le traducteur de l'œuvre de Pavlov, prix Nobel pour ses travaux sur le conditionnement.
27. M. Galabru, *On nous a menti...*, spectacle 2004.
28. Journal télévisé, France 2, 30 septembre 2003.
29. R. Cialdini, 1984, *op. cit.*
30. *Ibid.*
31. *Ibid.*
32. *Ibid.*
33. *Ibid.*
34. *Ibid.*
35. G.J. McHugo, J.T. Lanzetta, D.G. Sullivan, R.D. Masters & B.G. Englis, « Emotional reactions to a political leader's expressive displays », *Journal of Personality and Social Psychology*, 49, 1985.
36. D.G. Sullivan & R.D. Masters, « "Happy Warriors". Leaders'facial displays, viewers'emotions, and political support », *American Journal of Political Science*, 1988.

Chapitre V
Au service de la vérité

1. Jean-Léon Beauvois est professeur à l'université de Nice-Sophia Antipolis.
2. J.L. Beauvois, A. Bertone, J. Py & A. Somat, « Le témoignage oculaire : psychologie sociale et cognitive », *Psychologie française*, 40-3, 1995.
3. A. Bertone, M. Mélen, J. Py & A. Somat, *Témoins sous influence*, Grenoble, Presses universitaires de Grenoble, 1995.
4. *Ibid.*
5. K. Deffenbacher, « The influence of arousal on reliability of testimony », *in* B.R. Clifford & S. Lloyd-Bostock (Eds), *Evaluating Witnesse Evidence : Recent Psychological Research and New Perspectives*, Chichester, Wiley, 1983.
6. A.D. Yarmey & H. Tressillian-Jones, « Is the psychology of eyewitness identification a matter of common sense ? », *in* B.R. Clifford & S. Lloyd-Bostock, *op. cit.*
7. J.C. Yuille, « Research and teaching with police : a Canadian example », *International Review of Applied Psychology*, 33, 1984.
8. G.L. Welles & D.M. Murray, « Eyewitness Confidence », *in* G.L. Wells & E.F. Loftus (Eds), *Eyewitness Testimony : Psychological Perspectives*, New York, Cambridge University Press, 1984.
9. M.J. Watkins, E. Ho & E. Tulving, « Context effect in recognition memory for faces », *Journal of Verbal Learning and Verbal Behavior*, 15, 1976.

10. A. BERTONE, M. MÉLEN, J. PY & A. SOMAT, 1995, *op. cit.*

11. K. LANDRY & J. BRIGHAM, « The effect of training in criteria-based content analysis on the ability to detect deception in adults », *Law and Human Behavior*, 16, 1992.

12. M.A. MASON-EKMAN, « Le témoignage des enfants au tribunal : la crise des agressions sexuelles », *in* P. EKMAN, *Pourquoi les enfants mentent ?*, Rivages, Marseille, 1988.

13. *Ibid.*

14. A. BERTONE, M. MÉLEN, J. PY & A. SOMAT, 1995, *op. cit.*

15. J.L. BEAUVOIS, A. BERTONE, J. PY & A. SOMAT, 1995, *op. cit.*

16. M.A. MASON-EKMAN, *op. cit.*

17. J. VARENDONCK, « Les témoignages d'enfants dans un procès retentissant », *Archives de psychologie*, 11, 1911.

18. S.J. CECI, D.F. ROSS & M.P. TOGLIA, « Age differences in suggestibility : narrowing in the uncertainties », *in* S.J. Ceci, M.P. TOGLIA & D.F. ROSS (Eds), *Children's Eyewitnes Memory*, New York, Springer Verlag, 1987.

19. R.L. COHEN & M.A. HARNICK, « The susceptibility of child witnesses to suggestion », *Law and Human Behavior*, 4, 1980.

20. Pour une large revue de cette question, et en français, voir aussi le chapitre « Les enfants sont-ils de bons témoins ? » et en particulier le paragraphe « Les conditions de l'audition de l'enfant : la suggestion d'informations erronées », dans A. BERTONE, M. MELEN, J. PY & A. SOMAT, 1995, *op. cit.*

21. G.S. GOODMAN & J.A. QUAS, « De l'utilité des poupées fidèles sur le plan anatomique lors de l'interrogatoire d'enfants », *in* J. L BEAUVOIS, A. BERTONE, J. PY & A. SOMAT, 1995, *op. cit.*

22. KOOCHER *et al.*, *in* G.S. GOODMAN & J.A. QUAS, 1995, *ibid.*

23. *Ibid.*

24. P. EKMAN & W.V. FRIESEN, W.V., « Nonverbal *Leakage and Cues to Deception* », *Psychiatry*, 32, 1, 1969.

25. P. EKMAN, 1986, *op. cit.*

26. U. UNDEUTSCH, « The development of statement reality analysis », *in* YUILLE, J.C. (Ed), *Credibility Assessment*, 101-119. Dortdrecht, Kluwer Academic Publishers, 1982.

27. U. UNDEUTSH, « Courtroom evaluation of eyewitness testimony », *International Review of Applied Psychology*, 33, 1984.

28. C. BILAND, J. PY & S. RIMBOUD, « Évaluer la sincérité d'un témoin grâce à trois techniques d'analyse, verbales et non verbale », *Revue européenne de psychologie appliquée*, 49, 2, 1999.

29. P. EKMAN, W.V. FRIESEN & M. O'SULLIVAN, « Smiles when lying », *Journal of Personality and Social Psychology*, 54, 3, 1988.

30. B.M. DEPAULO & R. ROSENTHAL, « Telling lies », *Journal of Personality and Social Psychology*, 37, 1979.

31. M. ZUCKERMAN, R.S. DE FRANCK, J.A. HALL, D.T. Larrance & R. Rosenthal, « Facial and vocal cues of deception and truth », *Journal of Experimental Social Psychology*, 15, 1979.

32. A. VRIJ, 2000, *op. cit.*

33. S. Demarchi, « Conception et évaluation, selon une démarche d'ingénierie psychosociale, d'un outil permettant d'améliorer la description des personnes », Thèse de 3e cycle soutenue à l'université Paris-VIII-Vincennes, sous la direction de Jacques Py, 8 décembre 2003.

34. S. Demarchi & J. Py, « La fiabilité des parades d'identification en fonction de la méthode employée pour sélectionner les distracteurs : une étude comparative », *Revue européenne de psychologie appliquée*, 53, 2, 2003.

Chapitre VI
Les stéréotypes ont la peau dure

1. C. Biland, J. Py & S. Rimboud, 1999, *op. cit.*

2. R. Birdwhistell, *Kinesics and Context : Essay on Body-Motion Communication,* Harmondsworth, Penguin Books, 1971.

3. L. Schiaratura, L., *Expression verbale, activité motrice et gestualité*, Thèse de 3e cycle, Université catholique de Louvain la Neuve, 1991.

4. *Ibid*.

5. S. Moscovici & M. Plon, « Les situations colloques : observations théoriques et expérimentales », *Bulletin de psychologie,* 19, 1966.

6. A.A. Cohen & R.P. Harrison, « Intentionality in the use of hand illustrators in face-to-face communication situations », *Journal of Personality and Social Psychology*, 28, 2, 1973.

7. J.A. Graham & S. Heywood, « The effects of elimination of hand gestures and of verbal codability on speech performance », *European Journal of Social Psychology*, 5, 1975.

8. M. Argyle, M.G. Lalljee & M. Cook, « The effects of visibility on interaction in a dyad », *Human Relations*, 21, 1968.

9. M. Cook & M.G. Lalljee, « Verbal substitutes for visual signals in interaction », *Semiotica*, 6, 1972.

10. D.R. Rutter & G.M. Stephenson, « The role of visual communication in synchronising conversation », *European Journal of Social Psychology*, 7,1977.

11. M. Argyle *et al.*, 1968, *op. cit.*

12. *Ibid*.

13. L. Akehurst & A. Vrij, « Creating suspects in police interviews », *Journal of Applied Social Psychology*, 29, 1999.

14. J. Cosnier & A. Brossard, *La Communication non verbale*, Neufchâtel, Delachaux et Niestlé, 1984.

15. W.S. Condon & W.D. Ogston, « Speech and body motion synchrony of the speaker-hearer », *in* D.L. Horton & J.J. Jenkins (Eds), *Perception of Language*, Colombus, C.E. Merril, 1966.

16. L. Akehurst et A. Vrij, 1999, *op. cit.*

17. P. Ekman, 1986, *op. cit.*

18. A. Vrij, 2000, *op. cit.*

19. P. Ekman, 1986, *op. cit.*
20. R.E. Kraut & D. Poe, 1980, *op. cit.*
21. C. Biland, V. Heidelberger & V. Rodriguez, 1991, « Communication non verbale et mensonge, la différence homme/femme », université Aix-Marseille-I, manuscrit non publié.
22. « Les nouveaux détecteurs de mensonge », *Sciences et Vie*, n° 1005, juin 2001.

Chapitre VII
Comment détecter efficacement un menteur

1. M. Déon, 2002, *op. cit.*
2. A. Bercoff, « Le prix de la liberté », *in* M. de Solemne, *La Sincérité du mensonge*, Paris, Dervy, 1999.
3. B. Cyrulnik, communication personnelle, 1993.
4. O. Luminet, *Psychologie des émotions*, Bruxelles, DeBoeck Université, 2002.
5. A. Channouf & G. Rouan, *Émotions et cognitions*, Bruxelles, De Bœck Université, 2002.
6. *Ibid.*
7. A. Damasio, *L'Erreur de Descartes, la raison des émotions*, Paris, Odile Jacob, 1994.
8. B.M. DePaulo, G.D. Lassiter & J.L. Stone, « Attentional determinants of succes at detecting deception and truth », *Personality and Social Psychology Bulletin*, 8, 1985.
9. C. Biland, 1999, *op. cit.*
10. A. Vrij, 2000, *op. cit.*
11. J.B. Stiff, H.J. Kim & C.N. Ramesh, « Truth biases and aroused suspicion in relational deception », *Communication Research*, 19, 1992.
12. C. Biland, 1999, *op. cit.*
13. J.B. Stiff, H.J. Kim & C.N. Ramesh, 1992, *op. cit.*
14. T.H. Feeley & M.J. Young, *Detecting Deceptive Communication : a Narrative Review*, manuscrit non publié, 1997.
15. A. Vrij, 2000, *op. cit.*
16. P. Ekman & M. O'Sullivan, 1991, *op. cit.*
17. J. Py, communication personnelle, 2003.
18. T.R. Levine & S.A. McCornak, « Linking love and lies : a formal test of the McCornak and Parks model of deception detection », *Journal of Social and Personal Relationship*, 9, 1992.
19. C. Biland, 1999, *op. cit.*
20. *Ibid.*
21. A. Vrij, 2000, *op. cit.*
22. A. Vrij & G.R. Semin, « Lie experts' beliefs about nonverbal indicators of deception », *Journal of Nonverbal Behavior*, 20, 1996.
23. *Ibid.*

24. A. VRIJ, « Credibility judgments of detectives : the impact of nonverbal behavior, social skills and physical characteristics on impresion formation », *Journal of Social Psychology*, 133, 1993.

25. A. VRIJ, « The impact of information and setting on detection of deception by police detectives », *Journal of Nonverbal Behavior*, 18, 1994.

26. A. VRIJ, « Interviewing suspects », *in* A. MEMON, A. VRIJ & R. BULL, *Psychology and Law Truthfulness, Accuracy and Credibility,* Maidenhead, McGraw-Hill, 1998.

27. D.R. BRANDT, G.R. MILLER & J.E. HOCKING, « The truth-deception attribution : effects of familiarity on the ability of observers to detect deception », *Human Communication Research*, 6, 1980.

28. D.R. BRANDT, G.R. MILLER & J.E. HOCKING, « Effects of self-monitoring and familiarity on deception detection », *North Texas University*, 1980.

29. T.H. FEELEY, M.A. de TURCK & M.J. YOUNG, « Baseline familiarity in lie detection », *Communication Resarch Reports*, 12, 1995.

30. P. EKMAN, W.V. FRIESEN & M. O'SULLIVAN, « The effects of comparisons on detecting deceit », *Journal of Nonverbal Behavior*, 12, 1988.

31. B.M. DEPAULO, C.S. LE MAY & J.A. EPSTEIN, « Effects of importance of success on effectiveness at deceiving » *Personality and Social Psychology Bulletin,* 17, 1, 1991.

32. B.M. DEPAULO, « Nonverbal behavior and self-presentation », *Psychological Bulletin,* 11, 2, 1992.

33. A. VRIJ & J.J.VAN WIJINGAARDEN, « Will truth come out ? Two studies about the detection of false statements expressed by children, *Expert Evidence : The International Digest of Human Behavior, Science and Law*, 1994.

34. B.M. DE PAULO, J. TANG & J.L. STONE, « Physical attractiveness and skill at detecting deception », *Personality and Social Psychology Bulletin*, 13, 1987.

35. C.F. BOND, A. OMAR, A. MAHMOUD & R. NEAL-BONSER, 1990, *op. cit.*

36. A. VRIJ, 2000, *op. cit.*

37. *Ibid.*

38. A. VRIJ & F.W. WINKEL, « Cultural patterns in dutch and surinam nonverbal behavior : an analysis of simulates police/citizen encounters », *Journal of Nonverbal Behavior*, 15, 1991.

39. A. VRIJ, 2000, *op. cit.*

40. A. VRIJ & F.W. WINKEL, « Crosscultural police/citizen interactions : the influence of race, beliefs and nonverbal communication on impression formation », *Journal of Appplied Social Psychology*, 22, 1992.

41. A. VRIJ & F.W. WINKEL, « Perceptual distortions in cross-cultural interrogations : the impact of skin color, accent, speech style and spoken fluency on impression formation », *Journal of Cross-Cultural Psychology*, 25, 1994.

42. A. VRIJ, 2000, *op. cit.*

43. P. EKMAN & M. O'SULLIVAN, 1991, *op. cit*

44. P. EKMAN & M. O'SULLIVAN, 1991, *op. cit.*

45. A. Vrij & S. Mann, « Who killed my relative ? Police officers'ability to detect real-life high-stake lies », *Journal of Applied Social Psychology*, 23, 2001.

46. C. Biland, 1999, *op. cit*.

47. C. Maury-Rouan, cours de linguistique « Les actes non verbaux », université de Provence, Aix-Marseille I.

48. A. Vrij, 2000, *op. cit*.

49. *Ibid*.

50. C. Biland *et al*., 1991, *op. cit*.

51. *Ibid*.

52. A. Vrij, 2000, *op. cit*.

53. A. Schopenhauer, *Notre relation aux autres*, Paris, La Pléiade, 1933.

54. R.P. Droit, 1998, *op. cit*.

REMERCIEMENTS

Je tiens à exprimer ma profonde gratitude à Boris Cyrulnik, qui est à l'origine de cette aventure. Il a suffi de quelques mots pour que cette belle machine démarre.

Merci à Valérie Fointiat-Perroux qui a su me donner du courage lorsque c'était nécessaire, elle qui depuis des années accepte de me lire, de me relire et de m'envelopper de son amitié.

Merci à toute l'équipe du Laboratoire de psychologie sociale de l'université de Paris-VIII qui m'a « recueillie ». En travaillant avec eux je poursuis ma route de chercheur. Merci tout particulièrement à Jacques Py pour nos fructueuses collaborations et pour son amitié.

Merci au Laboratoire de psychologie sociale de l'université d'Aix-en-Provence où je soutenais ma thèse il y a quelques années. Certains d'entre vous font partie de ce livre. D'autres, qui n'y sont pas, ont cependant participé à accompagner ce travail lorsqu'il balbultiait encore, je pense à eux aussi.

Merci à tous ceux qui ont « cru » à cette thématique depuis ses débuts et qui lui ont permis d'exister d'une manière ou d'une autre. Je pense en particulier à la Direction de la recherche et des études techniques de la Direction générale des armées, merci plus spécialement au docteur Véron.

Un grand merci à tous les étudiants, mes sujets expérimentaux, qui acceptèrent de bonne grâce de se prêter à mes manœuvres, et à mes étudiants qui dans les salles de cours se passionnèrent pour mes travaux.

Je remercie également Odile Jacob, qui m'a confié la réalisation de ce livre, pour l'intérêt qu'elle y porte. Une attention particulière à Marie-Lorraine Colas et Christophe André pour leur patience et leurs compétences.

Merci à mes parents pour leur soutien tout au long du long chemin qui mena à ce livre, et à Francis pour sa patience quand ce fut nécessaire

TABLE

Cet ouvrage a été transcodé et mis en pages
chez NORD COMPO (Villeneuve d'Ascq)

Impression réalisée par

CPI
Brodard & Taupin

La Flèche (Sarthe), le 28-05-2009
N° d'impression : 52498
N° d'édition : 7381-2293-X
Dépôt légal : juin 2009

Imprimé en France